Leaves
Publishing

根　以讀者為其根本

莖　用生活來做支撐

葉　引發思考或功用

果　獲取效益或趣味

李白，你在說什麼？

王心慈◎編著　a John◎插畫

忘憂草 ORANGE DAYLILY

李白，你在說什麼？

編　著　者：王心慈
出　版　者：葉子出版股份有限公司
發　行　人：宋宏智
企　劃　主　編：萬麗慧・鄭淑娟・林淑雯・陳裕升
媒　體　企　劃：汪君瑜
活　動　企　劃：洪崇耀
責　任　編　輯：姚奉綺
文　字　編　輯：洪崇耀
內　頁　插　畫：a John
美　術　編　輯：nana設計工作室
封　面　設　計：楊千穎
印　　　　務：黃志賢
專　案　行　銷：張曜鐘・林欣穎・吳惠娟
地　　　址：台北市新生南路三段88號7樓之3
電　　　話：(02)23635748　　傳　真：(02)23660313
讀者服務信箱：service@ycrc.com.tw
網　　　址：http://www.ycrc.com.tw
郵　撥　帳　號：19735365　　　戶　名：葉忠賢
印　　　刷：鼎易印刷事業股份有限公司
法　律　顧　問：北辰著作權事務所
初　版　一　刷：2004年6月　　　定　價：新台幣 280 元
I　S　B　N：986-7609-21-2

總　經　銷：揚智文化事業股份有限公司
地　　　址：台北市新生南路三段88號5樓之6
電　　　話：(02)2366-0309
傳　　　真：(02)2366-0310

國家圖書館出版品預行編目資料

李白，你在說什麼？／王心慈作.
-- 初版.--　臺北市：葉子, 2004〔民93〕
　　面：　公分. --（忘憂草）
　　ISBN 986-7609-21-2（平裝）
1.修身-通俗作品
192.1　　　　　　　　93004333

前言

　　在漫悠的中國歷史中，有些人留下的影響力既深且遠，他們的思想、智慧、勇氣、智謀、道德，成為我們學習與效法的對象。透過他們所留下來的有限文字及資料，讓我們得以速成的方式了解人生的內涵，進而正視、規劃自己的人生。

　　現在的世界，多采多姿，詭譎萬變。這是古人沒有辦法想像的。但現代人真的比古人更了解自己的世界、更洞悉生命的意義嗎？這也是現代人沒有辦法回答的。這個世界急遽發展的結果，除了速食文化之外，又讓現代人知道了些什麼呢？又懂得了些什麼呢？這又是令人尷尬、難回答的問題。

　　從此一叢書中，我們可以看到，有的先人以自己的思想著作影響世人，有的先人自己親身創造歷史，有的先人只想做天空裡的一片雲，卻不小心時時投影在你、我的心中。在歷經千年、百年後，在中國文化已然變質的今日，他們的人生依然讓我們心嚮往之，他們深藏在心底的智慧，依然以瀟灑、曠達、智詰、謀略、自然……的姿態展現在我們的眼前。

　　以一書一人物的活潑、輕鬆筆調請這些看似高居雲端的先人們走入凡間，走入我們的生活裡，一起探討我們所遺失的智慧在哪裡？我們是否太粗心，以致於讓智慧擦肩而過？我們的生活是否因為充塞了沒有生命的資訊而失去了生機？我們的人生是否應該做某種程度的調整，甚至和古聖先賢作連線？

　　《李白，你在說什麼？》一書，是以故事的形式表現，在每篇的文末，皆附有小小的生活智慧，供讀者省思。先人的智慧有如流水，有的人看見水奔流不息，想到自己應該學習它，不捨晝夜地奔赴理想；有的人看見水滋潤萬物，想到自己應該效法它，源源不斷地養護生命。先人的智慧，因為有您的省思，不再是死的資訊，先人的智慧，因為有您的學習和效法，它活在您人生的每一分秒中。

王心慈

目錄

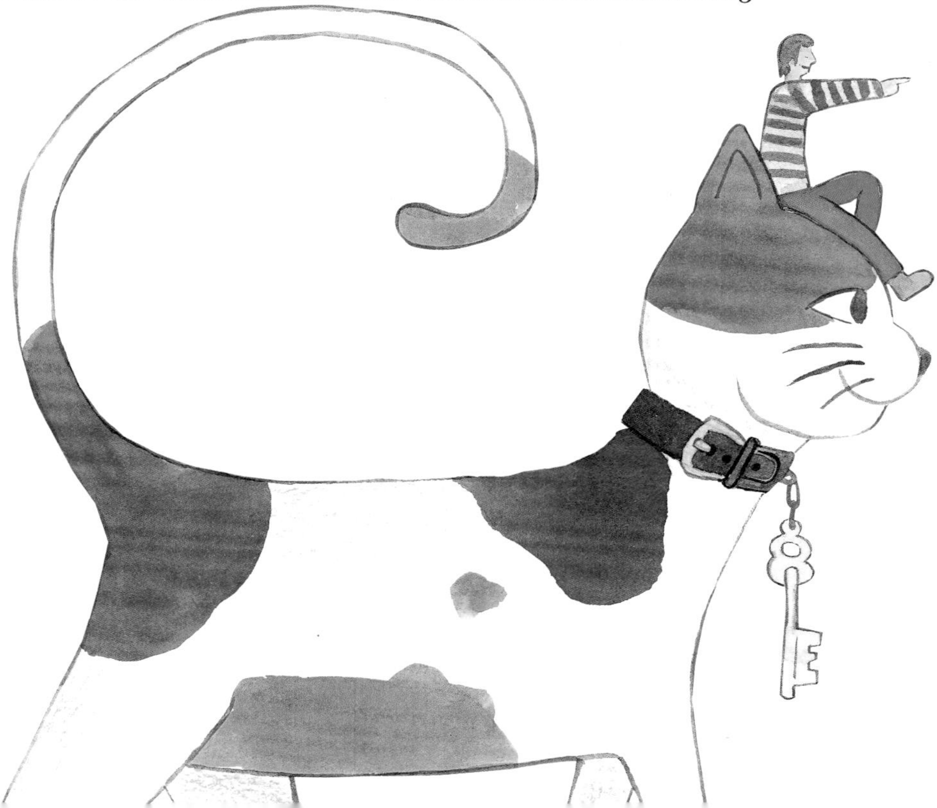

不凡的李白

在一般人的眼中，尤其是在古人的眼中，一切的天才，就如同字面所標示的，都是天成之才。他們的超群才華不是自己造就的，而是一生下來老天爺就給他的，甚至於有另外一種說法，說這些稱為「天才」的人，原本就不是凡人，而是天上的什麼星宿或神仙。翻開二十四史，我們不難發現，凡是傑出的歷史人物，幾乎都有一段出生時的神奇傳說，來證明他們不是凡胎中出生的人。李白也不例外。

在《新唐書》中對李白的出生有這樣的說法：「白之生，母夢長庚星，因以命之。」這句話的意思是說，李白的母親晚上夢到長庚星進入她的懷中，於是就生下了李白。長庚星，就是金星，又稱明星。如果它在黎明時出現於東方，叫啟明星；傍晚時出現於西方，就叫長庚星。它是全天空中最亮的一顆星，光色銀白，故又稱太白。所以李白就名白，字太白。

從李白降生時的傳說和命名的由來，就可以看出人們刻意將李白神化，說他是天上最亮的太白星轉世，當然不是凡人了。後來又有一種傳說，說李白在少年時，曾經夢見自己寫字用的筆頭上生出鮮花來，所以他所寫出來的詩文才那麼地溢采流光。這些都是為了說明李白的才華是上天賦予的，他有神靈暗中護佑，才能成為我國自古以來詩壇上最耀眼的一顆星。

如果把神化李白視為迷信，恐怕也不大公平。因為這裡面包含著人們對他的崇敬與愛戴，好像不那麼說，就沒有辦法解釋他為什麼能寫出這麼多、這麼好的詩篇來；也不能解釋為什麼一個人能不靠政績、戰功，只靠一隻筆，就能成為中國人的驕傲。

其實，李白之所以成為「詩仙」，靠的不僅僅是天賦，且是由於勤奮得來的。他的成功和一般人沒有兩樣，就是天賦加勤奮。極高的天賦，要在勤奮的沃土中，才能成長為天才；缺少了勤奮的沃土，天賦只得萎縮，甚而消失，等於沒有天賦。勤奮也只有在天賦的基礎上才能成為天才，沒有天賦的勤奮，最多只能夠超越自我，永遠不可能成為天才。李白的不凡，在於他的天賦，也在於他的勤奮。

 生活智慧 有人認為那些稱為「天才」的人，原本就不是凡人，而是天上的什麼星宿或神仙。事實上，不是這樣的。一個人要靠天賦加努力、不斷地努力，才有可能成為別人眼中的「天才」。「不凡」的李白也是這樣的。

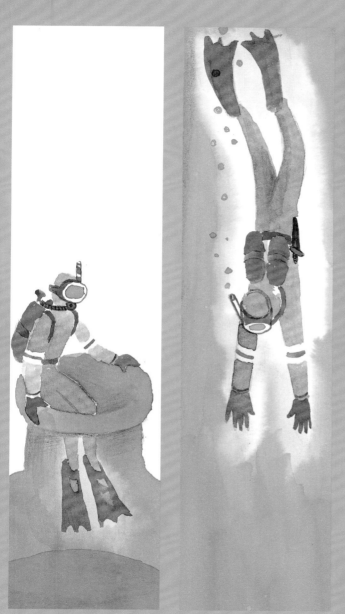

愛喝酒的李白

人生得意須盡歡，莫使金樽空對月。
天生我材必有用，千金散盡還復來。
烹羊宰牛且為樂，會須一飲三百杯。

鐘鼓饌玉不足貴，但願長醉不願醒。
古來聖賢皆寂寞，惟有飲者留其名。
陳王昔時宴平樂，斗酒十千恣讙謔。
主人何為言少錢，徑須沽取對君酌。
五花馬，千金裘，呼兒將出換美酒，
與爾同銷萬古愁。
——李白《將進酒》

　　愛喝酒，又能喝酒的李白替自己找了不少的理由來喝酒。他說喝酒的理由有深、淺之分。不假思索，隨手拈來的理由是淺的；經過認真思考，並用來作為自己行動的理由是深的。不管是淺的，還是深的，這些理由，嚴格說來，都沒有理論價值，只是李白思想情緒的反應。不過，我們從這裡可以對李白的人生有所了解。

　　現在來說淺的理由，這淺的喝酒理由，是李白用詩寫出來的，雖然有些偏頗，但卻非常新鮮、浪漫。

　　他說愛酒是非常自然的，用不著有什麼愧疚。他還說天和地都愛酒，人為什麼不能愛酒呢？如果你問他，他怎麼知道天愛酒、地也愛酒呢？他會回答你，天如果不愛酒，天上怎麼

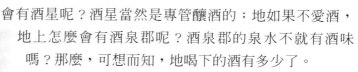

會有酒星呢？酒星當然是專管釀酒的；地如果不愛酒，地上怎麼會有酒泉郡呢？酒泉郡的泉水不就有酒味嗎？那麼，可想而知，地喝下的酒有多少了。

再說，他認為自古人們就把清酒比作聖人，濁酒比作賢人，這足以說明聖賢都是愛酒的；至於神仙飲酒，那就更普遍了，要不然怎麼到處都會有酒仙呢？既然天與地，聖與賢，乃至天上的神仙都愛酒，那喝酒就合乎大道、順乎自然了。

喝酒不僅讓人在生理上感到飄飄欲仙，在精神上也能得到滿足。如果你想要什麼東西，酒後那樣東西彷彿就在你的面前；如果你想排憂解煩，酒後這些煩惱也就煙消雲淡，再也不是煩惱了；如果你想藉酒壯膽，酒後你會發覺自己膽大包天，再勇敢不過。只要杯酒下肚，什麼問題都不是問題；要是喝下一斗，那麼，自身就與大自然融為一體了。這種種的樂趣，只有喝酒的人才能知道，不喝酒的人是無法理解的，也沒有辦法享受到，所以，也用不著向他解釋什麼，或傳遞什麼。這就是李白在其《月下獨酌》中所寫的：

天若不愛酒，酒星不在天。
地若不愛酒，地應無酒泉。
天地既愛酒，愛酒不愧天。
已聞清比聖，復道濁如賢。
聖賢既已飲，何必求神仙。
三盃通大道，一斗合自然。
但得酒中趣，勿為醒者傳。

李白的這首《月下獨酌》看似酒徒挖空心思為自己找來的藉口，但也因為如此，我們可以看到李白的天真、幽默與浪漫。

再說深的理由吧！老子曾說：「天地尚不能久，而況人乎？」莊子也說過：「人生天地之間，若白駒過隙，忽然而已。」不同的哲人，對人生有相同的感慨，難怪大家那麼愛說「人生如夢」了。這「人生如夢」四字變成了讀書人的口頭禪，經常掛在嘴邊，甚至於成為遺傳基因，代代相傳。尤其是詩人，更為嚴重。自魏晉以來，「人生如夢」這樣的想法幾乎成了詩歌不變的主題。就連曹操橫槊賦詩，開頭也是高唱：

> 對酒當歌，人生幾何？
> 譬如朝露，去日苦多。
> 慨當以慷，幽思難忘。
> 何以解憂？唯有杜康。

不用說，李白也得了這種遺傳病，而且比前人想得更深更遠。他是這麼說的：

> 夫天地者，萬物之逆旅也；
> 光陰者，百代之過客也。
> 而浮生若夢，為歡幾何？

> 生者為過客，死者為歸人。
> 天地一逆旅，同悲萬古塵。

如何充分來享受這有限的生命呢？李白有著種種的追求，但其中最簡便、最容易達到目的的，無過於飲酒。酒中無憂，酒中無慮，酒中自有妙世界。一個人能經常迷醉於這樣的世界，也就不枉來這天地的大旅館，當一回遠行客了。且看下面他所吟唱的，無非就是這個意思：

鸚鵡杓，鸚鵡杯。
百年三萬六千日，一日須傾三百杯。

清風明月不用一錢買，玉山自倒非人推。
舒州杓，力士鐺。
李白與爾同死生。

　　「與酒同死生」這樣的呼喊，發自李白的心底，是他面對人生短促、光陰不再、功名富貴難求、「天之美祿」易得的現實下，所作出的避難就易的選擇。這種選擇，與其說是李白喝酒的理由，不如說是李白對自己不如意的人生所作出的一種否定與無可奈何。

生活智慧　　酒中無憂，酒中無慮，酒中自有妙世界。酒，真的有如此的妙用嗎？答案當然是否定的。喝酒不過是逃避現實罷了。人生煩惱與否，不在於「喝」或「不喝」，在於你對生活，對生命的態度。

磨針溪的故事

據說小時候的李白好動、貪玩，被父親安置在離家不遠的象耳山上讀書。山間野外野趣多，李白哪能經得起誘惑，時間一久，也就貪玩起來，甚至於連書也不想讀了。

有一天，他溜下山來打算回家，在路上，正要跨過一條小溪時，遇到一個老婆婆在溪邊磨一根鐵杵。李白覺得很奇怪，便上前問那老婆婆：「請問您磨那個東西作什麼用？」

那婆婆抬眼看著他，認真地說：「我要將它磨成一根針。」李白聽了大為吃驚，便又問道：「這麼粗的一根鐵棒，要磨成一根針，可能嗎？」

那婆婆一邊磨針一邊不慌不忙地回答：「怎麼不可能？只要功夫用得深，鐵杵就能磨成針。這跟你們讀書是同一個道理，你們不是也要讀個十年、二十年的書，才會有出息嗎？」

婆婆輕言細語的幾句話，聽在李白的耳裡，心情頓時變得很沉重，就像那根鐵杵敲在他的心上一樣。他想，這個婆婆都這麼大的歲數了，尚且不怕艱辛要把鐵杵磨成針，我的年紀這麼小，卻怕苦、怕累，不認真讀書，心猿意馬，只想逃學。這還能成什麼事呢？又怎麼能成才呢？這樣回去又有什麼臉見父母呢？心中一陣慚愧，頭一低，便跑回象耳山，埋頭讀書去了。

以後，只要李白感覺疲累、無心讀書時，就會想到婆婆磨針的情景，以及她所說的話。她的話，樸樸實實，簡簡單單，卻帶給他無窮的力量。後人為了紀念這個頗有教育意義的地方，就將象耳山下的那條小溪改名為磨針溪。

生活
智慧

這個故事是虛構的，但也符合李白實際的狀況。從李白一生曠放不羈，盤遊四方的習性看來，小時候好動、貪玩也是可能的。而且，就李白一生的追求與成就來看，也非要有一番艱苦的磨練與學習不可。磨針溪的故事，對李白，對後人，都有所啟示。

學寫詩文的方法

中國是一個重傳統、講師承的國家，從安邦治國，到求學習藝，無不如此。就拿寫詩作文來說吧！除了熟讀、背誦前人的作品外，尚有一種擬古的傳統，也就是模擬古人作品的內容、形式與風格。

天才如李白者，就經歷過一個艱苦的模擬過程，尤其是少年時代。據段成式的《酉陽雜俎》所記載，李白曾經照蕭統編選的《文選》所選的詩文，逐一模擬，前後共模擬了三遍，稍有不如意就燒掉，後來只留下《恨賦》與《別賦》兩篇，到現在《別賦》已散失，只留得《恨賦》一篇。

我們要知道，《文選》共三十卷，總共收錄了一百三十個作家、五百一十四個作品，以及三十七類的文體。對於如此不同時代、風格、文體的詩賦文章，要從頭到尾逐一擬寫三遍，而且稍不如意，就焚毀重作，那真是要「書禿乾兔豪，詩裁兩牛腰」了。

我們只知道「李白斗酒詩百篇」，酒去詩來，如泉湧，如浪生。好像李白就是一部以酒為原料的造詩機。其實從小的時候起，他在讀書求知和練習寫作上所付出的時間、精力，以及所受到的磨練，豈是一般常人所能想像。

生活智慧

李白學寫詩文的方法很傳統、很有效。雖然是擬古，不是創新，但開始學習時沒有擬古，將來就很難有創新的一天，即便是天賦很高的人也一樣。古人說：「幼而好學者，如日出之光，金光燦爛。」李白後來在詩歌創作上能登峰造極，這和他幼年好學密不可分。

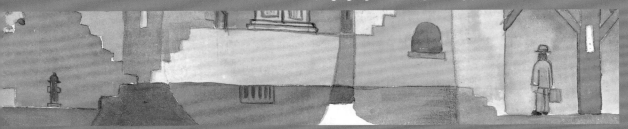

長相思與如意娘

日色欲盡花含煙，月明如素愁不眠。

趙瑟初停鳳凰柱，蜀琴欲奏鴛鴦弦。

此曲有意無人傳，願隨春風寄燕然。

憶君迢迢隔青天。

昔時橫波目，今作流淚泉。

不信妾腸斷，歸來看取明鏡前。

　　這首《長相思》是李白年輕時候的作品，詩中描寫一個征人的妻子在一個月光皎潔的春夜，如何思念遠在邊疆的丈夫，詩中的她，獨坐鳴琴，藉著月光與琴聲，抒發自己的思念。詩文聲情並茂，著實感人。

　　據說詩才剛剛寫成，無意間被站在書案邊的許氏夫人看到了，她指著最後的兩句提出她的意見，她說：「本朝則天皇后有一首《如意娘》的詩，不知先生看過了沒有？那首詩的最後兩句是這樣寫的：『看朱成碧思紛紛，憔悴支離為憶君，不信比來長下淚，開箱驗取石榴裙。』您不覺得有些相似嗎？」

當時的李白聽夫人這麼一說，嗒然若失，不知要怎麼回答才好。說相同吧！又不同，一個要看石榴裙，一個要看明鏡前；說不同吧！又相同，兩者都是為了證明淚滿面而跡猶在。還是夫人說得好：「相似！」

這種相似是一種藝術手法的學習和借鑒，在任何文學藝術的創作中都是難免的，如果前人用過的手法都不能用，那麼文學就很難發展到今天了。

李白，你在說什麼？

 模仿是一種學習，沒有模仿，就很難有創新。這和抄襲是有別的。李白不需要感到難為情，如果沒有那一段模仿學習的過程，我們就看不到今日所知的李白了。

黃鶴樓與鸚鵡洲

有一天，李白來到黃鶴樓，不免爲黃鶴樓的江山勝景所吸引，興致勃勃地想題詩一首作紀念。當他準備拿筆時，牆上一首署名崔顥的題詩，跳入他的眼簾。詩是這樣寫的：

> 昔人已乘黃鶴去，此地空餘黃鶴樓。
> 黃鶴一去不復返，白雲千載空悠悠。
> 晴川歷歷漢陽樹，芳草萋萋鸚鵡洲。
> 日暮鄉關何處是，煙波江上使人愁。

　　李白讀罷，讚嘆不已。它集登臨、覽勝、懷古、思鄉於一爐，由神話寫到現實，由風景寫到心情，縱橫交織，一氣呵成，實爲神來之筆。李白讚嘆之後，只得長嘆一聲道：「眼前有景道不得，崔顥有詩在上頭。」打消了自己題詩的念頭。事實上，李白在折服之餘，暗中仿效，不過他的仿作不是寫黃鶴樓，而是寫站在黃鶴樓上可以盡收眼底的鸚鵡洲。詩是這樣寫的：

> 鸚鵡來過吳江水，江上洲傳鸚鵡名。
> 鸚鵡西飛隴山去，芳洲之樹何青青。
> 煙開蘭葉香風暖，岸夾桃花錦浪生。
> 遷客此時徒極目，長洲孤月向誰明？

我們將這首詩與崔顥的《黃鶴樓》相比照，不難發現其中模仿的痕跡很重，相似的地方也很多。

首聯，兩位都是寫名稱的由來。黃鶴樓由所在的黃鶴山得名，山的得名是由於有仙人騎黃鶴來過此山，這樣的說法，讓黃鶴樓抹上了一層神話的色彩。鸚鵡洲的得名，雖不帶仙氣，但也很有來歷。據說，東漢末年有一個年輕的名士叫禰衡，恃才傲物，不服管束。曹操想殺他，又怕得惡名，於是將他推薦給劉表，劉又轉推給江夏太守黃祖。禰衡來到江夏後，與黃祖的兒子黃射很要好。一次，黃射在漢陽江心洲上大宴賓客，有一個客人送給他一隻鸚鵡，他非常高興，便命禰衡寫一篇《鸚鵡賦》以娛嘉賓。禰衡提筆一揮而就，辭采斐然，得到滿堂稱讚。後人便稱此洲為鸚鵡洲，所以李白也就借此開篇。

次聯，崔詩寫的是黃鶴一去不回，唯有白雲悠悠，飄忽千載，隱含著歲月不再，世事茫茫之慨；李詩同樣寫鸚鵡西飛，回了他的隴山老家，只有洲上的花草樹木依然繁茂常青，同樣表現出時間的無情。

三聯，崔詩和李詩同樣描寫所看到的景物與風光。

尾聯，崔詩抒發自己登高臨遠的淡淡鄉愁，李詩同樣寫一個流放者，即自己，極目長洲的無可奈何。

從以上的分析看來，李白的這首《鸚鵡洲》與崔顥的《黃鶴樓》絕不是無意的巧合，而是刻意的仿效。李白長於古體和樂府，對於律詩，他總覺得是一種束縛，而沒有刻苦的追求。但見崔顥這樣好的律詩，佩服之餘，不免想要暗中揣摩，這是可以理解的。

李白在寫這首《鸚鵡洲》時，已經是五十八歲的人了。這時候的他，正遭受貶斥放逐。如此的年齡，如此的處境，還能留心於模仿他人之作，其苦學的精神不是和他的詩歌一樣值得萬古流傳嗎？

李白，你在說什麼？

 生活智慧　　崔顥其人其詩不如李白，但李白並不因此而貶低崔顥所寫的《黃鶴樓》，且公開承認自己寫不出這樣的詩來。李白的這種虛心、坦率和服善的精神，在歷史上恐怕是很難看到的。

爲君搥碎黃鶴樓

李白長流夜郎遇赦後，曾在江湘間遊歷了很長的一段時間，與親朋好友、地方官員交往甚密。上元元年（760年）春天，在江夏與南陵縣令韋冰相還。他與韋冰是老朋友，安史之亂起，韋在隴右張掖做官，李白卻長流到了三巴，彼此失去了音信，不料忽然在江夏相遇，這使得李白異常驚喜，免不了開懷痛飲，暢敘舊懷。酒後有詩相贈，即《江夏贈韋南陵冰》。詩的末尾寫道：

人悶還心悶，苦辛長苦辛。
愁來飲酒二千石，寒灰重暖生陽春。

我且為君捶碎黃鶴樓，君亦為吾倒卻鸚鵡洲。
赤壁爭雄如夢裡，且須歌舞寬離憂。

這首詩最精采的就是「我且為君捶碎黃鶴樓，君亦為吾倒卻鸚鵡洲。」這二句了。顯然這些年來，李白幾經挫折，愁悶鬱結，沒處發洩，好不容易見到老朋友，酒傾千鍾後，這些平日隱忍的狂傲之情，像火山爆發一樣全洩了出來，才會說出如此動氣的話。

這樣狂放的感情與詩句，也只有在李白酒酣之時才可能產生。由於詩句的驚人，免不了引起人們的揣摩與評議。當時就有一個姓丁的文藝青年，大概不懂得什麼假設或誇張的寫作手法，還以為李白真的想要捶碎黃鶴樓哩！所以寫了一首詩來譏刺李白近乎瘋狂的舉動。

對於這位小朋友的無知之詞，李白本來可以一笑了之，也許是醉後看見這首詩吧！李白竟起了詩興，戲答一首，題為《醉後答丁十八以詩譏予捶碎黃鶴樓》。詩的內容是這樣的：

黃鶴高樓已捶碎，黃鶴仙人無所依。
黃鶴上天訴玉帝，卻放黃鶴江南歸。
神明太守再雕飾，新圖粉壁還芳菲。
一州笑我為狂客，少年往往來相譏。
君平簾下誰家子，云是遼東丁令威。
作詩調我驚逸興，白雲繞筆窗前飛。
待取明朝酒醒罷，與君爛漫尋春暉。

大意是說，黃鶴樓被我捶碎了，黃鶴仙人沒有地方可以落腳，向玉帝訴苦。玉帝便派仙人下凡，重建了黃鶴樓，恢復了往日的樣貌。你這個小朋友丁十八，竟敢寫詩譏笑我。算你有眼力，能看到我的豪氣，等我明早酒醒後，帶你到春光中尋找詩興吧。

這首詩是順著丁姓青年的原意寫的，狂放中有著幽默，批評中含著善意，出言詼諧，涉筆成趣，頗有大家風範。

李白在江夏時的心情雖然憂煩地想捶碎黃鶴樓，踢翻鸚鵡洲，但看到丁姓青年譏諷他的詩，也能逗趣地以詩回應，可見他的天真可愛，不是那麼的不近人情。

鳳凰台上鳳凰遊

鳳凰台上鳳凰遊，鳳去樓空江自流。
吳宮花草埋幽徑，晉代衣冠成古丘。
三山半落青天外，一水中分白鷺洲。
總為浮雲能蔽日，長安不見使人愁。
——李白《登金陵鳳凰台》

李白曾因崔顥所寫的那首詩《黃鶴樓》太好了，而起了仿效之心，也寫了一首詩《鸚鵡洲》，但因為追求形似，不論在結構或手法上都沒有什麼新意。李白心裡清楚得很。有一次，李白登上金陵鳳凰台的時候，想要超越崔顥的念頭浮上腦際，於是認真地寫下了有名的《登金陵鳳凰台》一詩。

這首詩雖然仍效崔顥的《黃鶴樓》，但一看就知道它趕上了崔詩，甚至有所超越。

崔詩的前四句「昔人已乘黃鶴去，此地空餘黃鶴樓。黃鶴一去不復返，白雲千載空悠悠。」只是說仙人與黃鶴早已離開，樓台與白雲卻依然存在。一首律詩總共有八句，崔顥就花了一半的篇幅來述說，這實在有些鬆散。李詩用「鳳凰台上鳳凰遊，鳳去樓空江自流。」二句就表達無遺。從而騰出第三、四句來寫金陵的特點：「吳宮花草埋幽徑，晉代衣冠成古丘。」東吳與東晉的宏偉宮殿與風流人物都已變成了廢墟和古墳。這麼一寫，撫今思昔，憑添一層朝代興廢的感

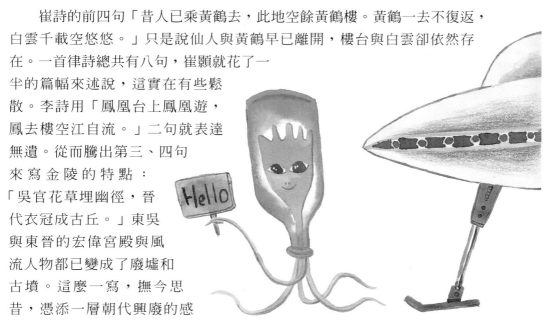

慨，也加深了詩的內涵。

第五、六句「三山半落青天外，一水中分白鷺洲。」是說三山被雲霧遮去了一半，彷彿落到天外去，而白鷺洲將江水劈分為二，寫的是登上鳳凰台所見到的特有風光，仍有崔詩的影子，但用語俏皮，寫景似乎略勝崔詩。

最後兩句，也像崔詩一樣，抒發感慨，且同樣用「使人愁」三字作結尾。崔詩的「煙波江上使人愁」，僅僅是個人的鄉關之愁，而李詩的「長安不見使人愁」，卻是比喻朝廷奸臣當道，賢者不能進用，那就是家國之愁了，自然要比崔詩更有深意。

不過，不管怎地，崔詩作於前，李詩仿於後，就創造性來說，崔詩自當領先。

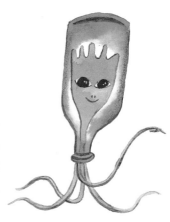

生活智慧

　　李白的一再仿效崔詩，讓我們悟出一點道理，那就是只要有人在某一點上比自己強，就應該向他學習，直到學會為止。而且也要學李白一樣，勤勤奮奮，一點一滴，實實在在的學習，這樣才有可能成功的一天。

書中自有好心情

李白在任職翰林院的期間，由於才華超群，而又鋒芒畢露，難免遭到別人的嫉妒，他常常感嘆「時人見我恆殊調，見余大言皆冷笑」，又用這樣的詩句來形容他的處境：

青蠅易相點，《白雪》難同調。
本是疏散人，屢貽褊促消。

他的意思是說，他周圍的人就像蒼蠅一樣，鎮日撥弄是非、顛倒黑白，像他這樣正直高傲的人，在這群人中當然沒有知心的朋友，那就像《陽春》、《白雪》這些高雅的歌曲找不到知音一樣。他又說，他本來是一個鬆散慣了的人，不願意和那些器量狹小、眼光短淺的人同流合污，所以屢屢招來他們的訕笑。

在這種情形之下，他與翰林院同事相處的情形可想而知，所以每當沒有什麼具體的事情可做，又不得不待在翰林院的時候，他就感到十分寂寞與孤獨，真的是度日如年。

為了排遣孤寂，李白有的時候悄悄溜出去喝酒，甚至於醉了就睡在酒家。但翰林院畢竟是翰林院，一個莊嚴肅穆的待詔所，不是什麼民間組織。李白當然不可能天天醉臥酒家，所以大部分的時間用來讀書，從書中尋找樂趣；那些煩心的人和事不覺間漸淡漸遠。

據李白自己說，他在翰林院的每一天都是這樣度過的：

> 晨趨紫禁中，夕待金門詔。
> 觀書散遺帙，探古窮至妙。
> 片言苟會心，掩卷忽而笑。

　　從詩中，我們可以看到他每天清早起來，就匆匆忙忙地趕到宮中，一直到傍晚都在等待著皇上的差遣或諮詢。在長時間的等待中，他不喝茶，不聊天，而是埋頭苦讀。他解散古書的函封，細細地閱讀，探究古人成敗的奧妙。如果有幾句話說到自己的心坎上，或拍案驚奇，或掩卷而笑，全然不管旁人對自己的看法。李白在翰林院的日子，就這樣以讀書消愁的方式悄然度過。

書中自有好心情

生活
智慧

　　從讀書中尋找知識和真理，從讀書中尋找樂趣和安慰，這是歷史上很多仁人志士的修身勵志之道，但像李白這樣，在任職期間見縫插針式的讀書，卻不常見。

模仿中藝術再創造

傳說南朝齊代的隆昌年間，有一個姓楊的女巫來到宮中供事，同時也把兒子帶進了宮裡。他的兒子叫楊旻。進宮的時候還小，長大之後，俊俏異常，很得何皇后的寵愛，成了何皇后的情人。當時有一首童謠說：「楊婆兒，共戲來所歡。」但在流傳中，誤將「婆」唸成「叛」，這楊婆兒就成了「楊叛兒」。由於這個傳說關係到一個異乎尋常的愛情故事，所以當時的京都建康（即金陵，今南京市）一帶就有《楊叛兒》的民歌產生。郭茂倩的《樂府詩集》就收有《楊叛兒》為題的民歌八首。其中最有意味的一首是這樣寫的：

> 暫出白門前，楊柳可藏烏。
> 歡作沉水香，儂作博山爐。

　　這是一首情歌，描述一個女子大膽地向男子表白愛情。歌中的女子說，白門（當時京都建康的西門）外的那一排排楊樹上如果藏了幾隻烏鴉，誰也看不見，就好像我們躲到僻靜處幽會，又有誰會發現呢！？我們的柔情蜜意，就像香料離不開香爐，如膠似漆。你是那名貴的沉水香，我就是那博山爐了。

　　李白深深地為它巧妙的比喻和隱語所打動，但覺得它含蓄過甚，意境不夠鮮明，所以也擬作一首，將二十字改寫為四十四字。詩文如下：

> 君歌楊叛兒，妾勸新豐酒。
> 何許最關人？烏啼白門柳。
> 烏啼隱楊花，君醉留妾家。
> 博山爐中沉香火，雙煙一氣凌紫霞。

詩中假想正有一對戀人在女家幽會，男的哼唱《楊叛兒》向女方示愛，女的拿著新豐所產的酒，頻頻勸酒。當酒酣情濃時，女的不顧羞赧，呢喃著，這歡歌酣飲只是我們情愛的前奏，最叫人心動的還是我們的幽會，就像烏鴉藏在楊柳樹間的茂密枝葉中，恣情歡愛，沒人知道。現在，你盡情地唱、盡情地喝吧！喝醉了就留在我家過夜吧！我們的情愛就像博山爐焚香，你我就是這香爐中的兩股香煙，繚繞上升，化作一氣，直逼玄霄，達到至妙且高的境界。

從詩中的「君醉醒留妾家」看來，這一對男女當然不是夫妻，要不然就沒有留不留的問題了。他們是未婚男女的自由戀愛？還是各有所屬的婚外戀？無從深究。但他們的愛已經越過了「發乎情，止乎禮」的禮教約束是不用懷疑的。這是原作的精神，也與李白的婚戀觀吻合。

李詩不僅有著原作的妙處，將沉水香與博山爐的比喻用得恰到好處，使楊柳藏鳥的隱語更具深意，而且還為戀愛中的男女構築了一個浪漫的場景和氛圍，使形象更加鮮明，感情更為熾熱。這就是模仿中的藝術再創造。

生活智慧

李白酷愛民歌，曾不知疲倦地學習仿效漢魏六朝的樂府民歌。李白的近千首存詩當中，就有一百五十來首直接以樂府古題為名的詩，可見李白所花的時間和精力。從吟詠《楊叛兒》，也可知道它的迷人處。

斗酒詩百篇

　　有的詩人，在寫詩之前，並沒有詩興，也沒有任何感觸，但喝酒以後，大腦皮質受到刺激，整個人進入亢奮狀態，平時積在腦中的一些信息或遐想，一下子被激發出來，因而成詩。這樣的詩人，往往要借酒助興，激發靈感，就像宋代詩評家唐庚説的「溫酒澆祐腸，戢戢生小詩」。

　　宋代蘇軾，説自己與酒的關係是「天下之不能飲，無在予下者；天下之好飲，亦無在予上者」。他是個酒量最小，而又最愛喝酒的人。這樣的詩人，酒一入口，靈感不請自來，一句接一句，一首接一首，詩自然而然地從筆端溜出來。所以，蘇軾把他的詩與酒的關係下了一個結論：「俯仰各有態，得酒詩自成。」他認為大千世界處處千姿百態，詩情畫意何處不在？只要有酒，自然成詩。所以他也把酒叫做「釣詩鉤」。蘇軾的詩，質高量多，可見他是經常喝酒、經常放釣詩鉤的人。

有的詩人，原本才思橫溢，由於長時間的大量飲酒，腦神經的元細胞膜逐漸硬化，反應逐漸變得遲鈍，才思慢慢的枯澀，只有再喝酒，再刺激，才能恢復原有的敏捷，靈感才能如泉水般的繼續湧出。如此這般，喝酒、寫詩，再喝酒、再寫詩；詩真的在酒中了。

　　李白恐怕就是這樣的人了。他是「摘仙人」，才思、詩興自然要高出常人數倍，乃至數十倍。可是他狂飲、濫飲，「三百六十日，日日醉如泥」，這樣的喝法，在不喝的時候，反應自然變得遲鈍，靈感也不靈了，必須一而再、再而三的借助酒力來恢復原有的才思與詩興。所以，只要是在醉中，他的筆就不僅僅能生花了，簡直就是一根魔棒，不論是有準備，沒準備，是宿構，還是即興，只要筆一落紙，就會有驚天地、泣鬼神的詩作出來。

生活智慧　　李白平日作詩不離酒，就算在天子面前作詩，也是在醉後寫成的。酒以成詩，不言自明。我們很難想像「三百六十日，日日醉如泥」的日子是怎樣的日子，但還是不要仿效的好，以免慢性酒精中毒。

明月伴我醉

李白喜歡熱鬧，最怕孤獨。如果有朋友相邀，那怕是千里之遙，他也會欣然赴會。但人生有聚有散，有歡有悲，更有成功與失敗，誰也不能保證沒有孤獨的時候，誰也沒有辦法拒絕孤獨的來訪。

　　李白一生求仕不得仕，求仙不成仙，任俠不成俠。多少的失意，多少的挫折，盡在其中，他的一生，最怕孤獨，但孤獨總是緊跟著他。每當孤獨之時，憂愁的他只有向酒求助，但是一個人在燈下喝悶酒，孤獨依然，而酒後的他，沒有憂愁陪伴，看起來更加孤獨。

　　如果在月下飲酒，那就不同了。李白喜歡在月下飲酒，那如盤、如鉤的月兒照著自己，地上留下自己的身影。月兒在天上徘徊，影子在地上輕移，站在中間的自己頻頻舉杯，這不成了三個人嗎？月兒和影子雖不能和自己共飲，卻能陪伴著自己，為自己勸杯、助興。

　　自己歡唱時，高掛的月兒漫步聽；自己起舞時，影子跟著翩翩躍動。如此三人，同歡同樂，何來孤獨？這樣喝起酒來不是更快樂嗎？如果是醉了，既不見月，也不見影，連自身在哪兒也不知道，更別提自己是人？是仙？還是蝴蝶？「不知有吾身，此樂最為甚」，此時的我，又哪裡知道什麼是孤獨呢？

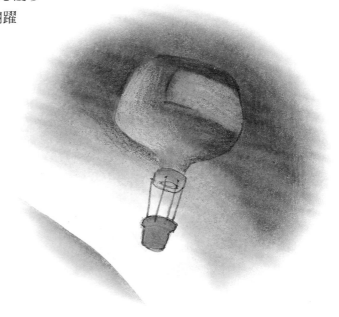

這就是李白在《月下獨酌》（其一）中所說的：

> 花間一壺酒，獨酌無相親。舉杯邀明月，對影成三人。
> 月既不解飲，影徒隨我身。暫伴月將影，行樂須及春。
> 我歌月徘徊，我舞影零亂。醒時同交歡，醉後各分散。
> 永結無情遊，相期邈雲漢。

李白曾經在月下，手拿金盞，一杯接一杯，酒往肚裡倒，喝著，喝著，突然停下杯來，抬頭問蒼天：

> 青天有月來幾時？我今停杯一問之。
>
> 白兔搗藥秋復春，嫦娥孤棲與誰鄰？

這樣的問題，青天、明月當然是不能回答的，李白又何嘗不知道，他之所以要問，也無非是慨歎明月長存而人生短促，這長短的差距太大，只盼能與明月相伴相隨，同樂同醉。所以，他在《把酒問月》中說：

> 今人不見古時月，今月曾經照古人。
> 古人今人若流水，共看明月皆如此。
> 唯願當歌對酒時，月光長照金樽裡。

李白用他那迷離的醉眼和天真的童心，將明月看成有生命、有感情的同類。在李白筆下的明月，不僅有著皎潔的臉龐，更有著甜蜜的微笑。他們之間的關係，有若母子，更似情人。在明月溫柔的懷抱中，李白終於得到了歡樂和安慰。

「永結無情遊，相期邈雲漢」李白聲聲呼喚著明月，期盼著明月永生永世做他的朋友，帶他到渺遠的天國去享受那永久的歡樂。雖是醉言醉語，但在「明月伴我醉」的同時，我們看到人世間的李白是如何的失敗與孤獨。

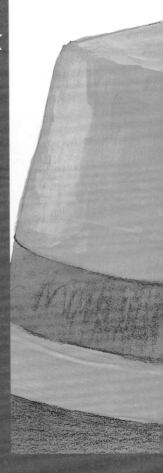

狂放的李白

長安市上酒家眠，天子呼來不上船，自稱臣是酒中仙。
——杜甫《飲中八仙歌》

作為翰林院的一個待詔，李白成天泡在長安街上的酒店裡，醉了就躺在酒爐邊，連天子派人來接他回宮，陪皇帝老兒遊池苑，聽歌舞，寫詩作文，他都不大願意，口中還念念有詞地說自己是酒中神仙，人間帝王的呼喚似乎可以不聽從。別人扶他上船，他還很不耐煩，老大不高興。

如此桀驁不馴，狂放不羈，連帝王的召見都愛理不理，等同兒戲，膽子是夠大的了。但有人解釋說，李白之所以「不上船」，是「不能上船也」，李白已經醉得有如一堆軟泥，腳不聽使喚，上不了船。

這樣的解釋用於常人是可以的，但用在李白身上就有些不切實際了。李白，聰明、傲慢、狂放，尤其在酒後表現得最為明顯。他的醉酒，人人皆知，但究竟醉到什麼程度？是真醉？還是假醉？只有他自己最清楚。他可以利用這一點，借酒裝瘋賣傻，做一些平常想做卻不敢做的事，說一些平常想說卻不敢說的話，或洩憤、或罵世、或抗爭，讓自己心理輕鬆一點，愉快一點。

由於人人都知道他是有名的酒徒，所以對他醉後的言行不以為意，就算有些出格，或犯了忌諱，別人也會原諒他，甚至還認為他天真可愛。就像讓高力士脫靴這類的事，即使有人受到傷害，也只能擱在心裡，發作不得。

這「天子呼來不上船」，當然也是酒後的狂放之舉，如果眞的醉到胡說話的地步，那他在天子面前所寫的既得體又動聽的詩，又是怎麼構思出來的呢？蘇軾在《李太白碑陰記》開頭就說「李太白，狂士也。」又說他「戲萬乘若僚友，視儔列如草芥。」李白之所以能狂得起來，酒著實爲他助了一臂之力。

生活智慧 李白借酒裝瘋賣傻，做一些平常想做卻不敢做的事，說一些平常想說卻不敢說的話，或洩憤、或罵世、或抗爭，讓自己心理輕鬆一點，愉快一點。身在現世的我們，有的時候不也這樣嗎？

舉杯消愁愁更愁

窮愁千萬端，美酒三百杯。
愁多酒雖少，酒傾愁不來。
所以知酒聖，酒酣心自開。

五花馬，千金裘；
呼兒將出換美酒，
與爾同銷萬古愁。

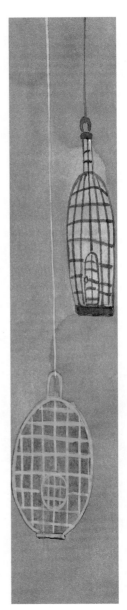

　　李白一生坎坷，憂愁特多，又愛喝酒，自然認為酒能解憂。但酒之所以能夠解憂，只是因為酒中所含的酒精，可以麻醉神經，讓人身體散亂，心神迷離，連自己是誰都不知道，又怎麼知道憂愁是什麼。但酒精的麻醉作用有限，酒醒過後，憂還是憂，愁還是愁。所以後來戴名世在他的《醉鄉記》中說得很清楚：「夫憂之可以解者，非真憂。」真正的憂，酒是無能為力的。

　　其實酒不能解憂這樣的體認，並不只有戴名世知道，每一個酒徒都清楚得很，只是沒有人願意說破而已，因為一旦說破了，也就少了喝酒的理由。一個人如果常有難忘的憂思，就表示他不是一個糊塗蟲，而是一個憂國憂民的仁人志士，他不得不以酒澆愁。這個理由冠冕堂皇，可以美化自己，誰也不會公開讀破。

　　李白到底是一個天真、直率的人，當他遇上真正的憂愁時，還是說了真話：「酒是不能解憂的！」他說：

金樽清酒斗十千，玉盤珍羞值萬錢。
停杯投箸不能食，拔劍四顧心茫然。
　　　　　　——《行路難》（其一）

面對美酒和珍味，李白竟停杯投箸，毫無興趣，那不是說明了他的體認——再烈、再美的酒也不能解除真正的憂愁嗎？要不然，他早就「飲如長鯨吸百川」，喝個爛醉了。他又說：

　　　　棄我去者，昨日之日不可留；
　　　　亂我心者，今日之日多煩憂。
　　　　長風萬里送秋雁，對此可以酣高樓。

　　　　抽刀斷水水更流，舉杯消愁愁更愁。
　　　　人生在世不稱意，明朝散髮弄扁舟。
　　　　——《宣州謝朓樓餞別校書叔雲》

　　從詩中可以看出，在這個餞別的酒宴上，李白如果懷的是一般的憂煩，此刻酣飲高樓，正可以一澆了之；可是他心中懷的是「人生在世不稱意」的真憂，所以酒喝得再多，也無濟於事，反而愈喝愈愁，真的是「抽刀斷水水更流，舉杯消愁愁更愁。」看來酒能不能解憂，要看憂愁的真與假，輕與重，也因人而異，因時而不同。李白時而認為可以，時而認為不能，那就要看他當時的心境了。

生活智慧

　　酒中所含的酒精，可以麻醉神經，讓人身體散亂，心神迷離，連自己是誰都不知道，又怎麼知道憂愁是什麼。但酒精的麻醉作用有限，酒醒過後，憂還是憂，愁還是愁。所以，碰到問題，是面對問題，解決問題，而不是喝酒，再喝酒。

捉月而死的真假

采石月下逢謫仙，夜披錦袍坐釣船。
醉中愛月江底懸，以手弄月身翻然。
不應暴落飢蛟涎，便當騎鯨上青天。
——宋初詩人梅堯臣

　　關於李白的死，曾經流傳著一個美麗、悽愴而且意味深長的傳說。據五代王定保編撰的《唐摭言》所載，李白逝世前的一段時間，寄居在當塗縣令李陽冰那裡。有一天晚上，他穿著宮錦袍，獨遊采石江中，一邊賞月，一邊飲酒，怡然自得。不知不覺喝得爛醉，恍惚間覺得天上的月亮掉進江中，浮在水面，於是俯身想把月亮撈上來，結果翻身落水，淹死在水中。後人還在采石為他建了一座捉月台。這自然是個傳說，但也有它的象徵性。李白一生高潔，追求光明，結果反而身陷泥淖，不能自拔，就像他一生愛月，反而為了弄月喪身一樣，所以有人寧願信其有，不願信其無。再說，李白當時窮愁潦倒，寄食友朋，精神上不堪忍受，已經崩潰，近於狂亂，這等荒唐的事也不是不可能發生，所以才會有這樣的傳說。但是，從這樣的傳說中我們也可以看到人們對李白的熱愛與崇拜。

　　至於李白是怎麼死的呢？李白在逝世前一年，也就是上元二年（761年），還參加太尉李光弼的東征，從軍途中不幸病倒，留住金陵。由於沒有經濟來源，金陵不能長住，等病稍微好些，他就去投靠他的從叔李陽冰。當時李陽冰任當塗縣令，李白便到了當塗。大約待了一年多一點，李白就因舊病發作，溘然長逝。

李白究竟是得了什麼病去世的，史無明載，不過晚唐皮日休的《李翰林》（《七愛詩》之一）一詩中有這樣兩句：

竟遭腐脅疾，醉魄歸八極。

這就是說李白得的是腐脅疾。這腐脅疾是什麼病，我們也不清楚，不過《晉書》中有這麼一條記載，說周顗與一北方來客對飲，共飲了二石，各大醉。後來周顗醒來沒事，北方客卻再也沒有醒來，「已腐脅而死」。從這個記載可知，腐脅疾應該和喝酒很有關係。

另據郭沫若的判斷，所謂腐脅疾也就是胸膜炎，也就是在肺部與胸壁之間積膿。如果病情得不到控制，繼續惡化，就會腐蝕胸脅，向體外穿孔。李白大概就是死於膿胸穿孔。而照郭氏的說法，酒精中毒是造成膿胸症的原因之一，如果是這樣，李白因為無節制的飲酒而得了此病，在追隨李光弼東征途中，雖然因為急性發作而不得不靜養，但依然喝酒，才會膿胸穿孔而亡。事實上，從他那一段時間所寫的詩，也可以看出他幾乎無處不離酒：

而我謝明主，銜哀投夜郎。
歸家酒債多，門客粲成行。
高談滿四座，一日傾千觴。
——《贈劉都使》

君家有酒我何愁？客多樂酣秉燭遊。
——《對雪醉後贈王歷陽》

昔日繡衣何足榮，今宵貰酒與君傾。
暫就東山賒月色，酣歌一夜送泉明。
——《送韓侍御之廣德》

田家有美酒，落日與之傾。
醉罷弄歸月，遙欣稚子迎。
——《遊謝氏山亭》

　　李白就算「正值傾家無酒錢」的時候，一樣嗜酒如命，只要弄到酒，賒也好，混也好，都無所謂。這對他的身體來說，無疑是雪上加霜。李白因飲酒而生病，因飲酒而病情惡化，因飲酒而亡。李白真的可以說是生於酒，也死於酒了。

生活智慧　　李白「捉月而死」的傳說雖然破了，但卻不忍心怪罪於酒。沒有酒，也就沒有李白的詩。後人在賞詩吟哦之際，除了感嘆李白坎坷一生，但也不可否認詩和酒造就了李白，讓他流芳百世。

不願入牢籠的人

李白的青壯年正值大唐的鼎盛時期，這時的大唐繼承隋朝的科舉制度，並增添了一些新的東西，使它變得更加完備。不僅設有進士、明經等常規考試，還設有賢良方正、直言極諫等名目繁多的制科考試。不管是常科，還是制科，都是在考試成績上見分曉，這給出身寒門、庶族及商人的士子一個方便出仕的途徑，因此很受中下層知識份子的歡迎。每個人抱著「考取是自己的造化；考不取，是自己本領不到家」這樣的心態，一心往科舉的大道上奔馳。縱然屢試不第，耗盡青春，老死文場，也無怨無悔。

照道理來說，李白出身於商人家庭，又從西域遷來內地不久，既沒有政治背景，也沒有人緣關係，這樣的選用制度對他極為有利，他應該有濃厚的興趣才對。事實上正相反，他表現出異乎尋常的冷淡。他私下盤算著，由科舉得官，登上高位，甚至做到宰相的人不是沒有，但困於場屋，一輩子出不了頭的人更多。也就是說，成功的人少，失敗的人多。而失敗的人所遭受到的難堪境遇與損失難以想像，就算成功，所付出的代價也不可估量。別的不說，單說這十年，乃至數十年的寒窗苦讀，就叫人難以忍受。這麼長的時間，失去了樂趣，也扼殺了多種多樣的才情，換來的也許是名利，但更是白髮。名利終究是身外之物，可有可無，白髮卻代表著生命的衰落，無可挽回，孰輕孰重，不說可知。

李白天生浪漫不羈，怎麼能夠忍受這長時間的折磨，即使成功機率再大，他也不願去鑽這無形的牢籠，甚至連想也不願意去想。據說唐太宗曾微服來到端門，看到新登第的進士魚貫而出，不禁脫口說出一句意味深長的話：「天下英雄入吾彀中矣。」意思是說，科舉制度的施行，讓天下的英才都進入我的牢籠中了。他哪裡知道，在他和他的子孫的臣民中，就有像李白這樣的不羈之才，不願進入他所設計的牢籠。

科舉讓人「盡白髮」，如此的代價，有的人無怨無悔，有的人連試也不願意試。李白雖有濟世利民的政治抱負，但捨常規的道路不走，終究使得他的人生路充滿了荊棘與風險。

書生的求薦信

古代讀書人的人生道路，要比現代讀書人的人生道路窄、險得多。所有的讀書人都往做官這條路擠，人多路窄，大多數的人都擠不上去，或者擠上去了又被擠下來。要能做官，且官運亨通，不只是要才學，更要機遇。才學不是短時間可以練就的，機遇卻可以創造。這就是為什麼自命清高的讀書人也免不了找關係、走後門、拜謁權貴，請求推薦提攜的原因了。

李白的功名慾望很強烈，但又不願走科舉一途，這就更需要創造機遇了。從他出川以後，到他逝世以前，一刻也不停歇，他努力地尋找出仕的機會，也求人推薦，以實現自己的政治抱負。從他不同的求薦時間、方式和心態中，我們可以看到李白高傲的一面，也有鄙俗的一面。

從現存的資料看來，唐代的仕人主要是透過書信來求達官貴人向朝廷推薦自己。這類的信，人們就叫做求薦信，至於私下是否還要贈送財物或禮品，由於不見記載，不敢貿然斷定。大概即使有，也不普遍，不然不會沒有記載的。從這一點來看，古時候託人辦事要比現在文明多了，也純樸一些。不過，沒有物質做基礎的求薦信非常難寫，因為一切的成敗就靠它了。

求薦信最重要的一點，就是要極力吹捧對方，使對方看過之後飄飄然，他才有可能理會你的事。李白對於此道，也很精通。就像他在《上安州裴長史書》中，對長史的吹捧，可謂無以復加了。

他先捧此人的相貌：「鷹揚虎視，齒若編貝，膚如凝脂，昭昭乎若玉山上行，朗然映人也。」再捧他的氣節：「高義重諾，名飛天京。四方諸侯，聞風暗許。」

再誇他的富有和慷慨好客：「月費千金，日宴群臣。出躍駿馬，入羅紅顏，所

在之處，賓朋成市。」長史不過是一個州郡的副長官，李白說他「稜威雄雄，下慴群雄」，儼然就是稱雄一方的霸主了。

明乎此，我們再看看他的《與韓州書》，對當時任荊州大都督府長史，兼襄州刺史，山南東道採訪使韓朝宗的吹捧就不足為奇了。

現將這封求薦信中的有些話語譯過來：

李白聽得天下好談論世事的讀書人聚在一起說：「人生在世那須封萬戶侯，只願結識韓荊州。」您為什麼能夠得到人們如此的景仰和傾慕呢？難道不就是因為您的舉止像周公，使得天下的豪傑志士都願歸附於您，深盼一旦蒙您的提攜，就像登上龍門一樣，身價十倍嗎？這就是為什麼那些像蟠龍逸鳳的賢士，都想得到您的好評，以奠定自己身價的緣故了。

您的著作與神明可比，您的德行足可感動天地，您的文筆處處有著造化的神功，您的學問窮究天人的奧秘。我真心地希望您能舒展容顏，對我開懷，不要因為我的禮數不周而拒絕我。請您一定要讓我參加您的盛宴，讓我能縱情地談論，如果您希望我日寫萬字的文章，那也是倚馬可待的。當今天下的人，都把您當作主管文運的星宿，衡量人物的權威，一旦經過您的品評裁定，就成了優秀的士人。您何必吝惜您階前這如尺一般寬的地方，而不在此接待我，不讓我李白揚眉吐氣，平步青雲呢？

李白對這位韓荊州的吹捧確實有點過火，有的地方還顯得十分肉麻。這難免會有人要問，李白一生傲骨，從不向別人低頭，甚至於敢讓高力士為他脫靴，怎麼會對這些州郡長官如此低聲下氣呢？其實，這也是李白不能免俗的一面。古人說，大丈夫處世「盈縮卷舒，與時變化」。要能屈能伸。李白自己也說過「處世忌太潔，至人貴藏輝」。當時李白還只是一介書生，孤立無援，只要能求得一個出頭的機會，還有什麼架子可以擺，還有什麼話說不得呢？天才如李白者，尚且不能不以這種態度處世，這不正好說明了這種處世態度何以能延續至今，難以根除嗎？

不論古今，要想在世上一展長才，不只是要才學，更要機遇。才學不是短時間可以練就，機遇卻可以創造。這就是為什麼自命清高的讀書人也免不了找關係、走後門、拜謁權貴，請求推薦提攜的原因了。

百萬買胡琴

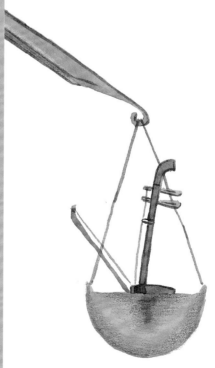

如果說李白的求仕先求名，是遠承漢魏名士的話，那麼近學的就是初唐詩人陳子昂了。陳子昂原本是個浪蕩公子，到了十七、八歲還沒有摸過書本，憑著家裡有錢，整天在外面賭博、遊玩、混日子。有一次跟一夥賭徒來到一所學校，才發現世上還有這麼一種高尚的事業，於是慨然立志，閉門謝客，專心讀書。不過幾年的功夫，他果然將經史百家讀了個夠，尤其是寫得一手好文章，大有司馬相如和楊雄的氣度。

大約在二十出頭的年紀，他便從家鄉蜀中射洪縣來到當時的臨時首都洛陽，想謀個前途，同時也風光風光。可是在偌大一個東都城裡，像他這樣來自外地的年輕學子何止千萬。他既沒有顯赫的親戚可以投奔，也沒有同窗好友可以求助，要在這尋找功名前程的人潮當中出人頭地，談何容易，弄得不好，落得頭白手空，無臉見父兄的下場。

為此，他左思右想如何製造聲名以求得一個施展才華的機會。有一天，他在洛陽街頭閒逛，遇到一個賣胡琴的，賣一把琴，要價百萬錢，圍觀者無不為之咋舌，一些有錢人也只不過是相互傳看，辨不出真假好壞，自然不敢還價。此時，陳子昂突然從人縫裡擠了出來，二話不說，叫他的傭人回旅館，用車子拖了一千緡錢來將胡琴買下。一緡，即一串，合一千文錢，千緡就是一百萬。

圍觀者無不感到驚訝，問他為什麼肯花這麼大的價錢買下這胡琴，他說：「我最善於彈奏這種樂器了。」大家都說能否當眾演奏一下？陳子昂便慷慨地說：「這裡不是彈奏的好地方，明天你們可以到宣揚里來，我將備酒宴招待大家，在宴會上，我會當眾演奏，歡迎光臨。」

第二天，那些圍觀者果然來到宣揚里，同時呼朋引伴，帶來了不少的人，把整個宣揚里擠得滿滿的。先是飲酒吃肉，臨近終席，陳子昂才抱著琴款款陳詞，他說：「各位，我叫陳子昂，寫得一手好詩文。最近風塵僕僕地從蜀地來到京都，大家都還不認識我。這種胡琴是低賤的樂工玩的，我哪裡會留心這個。」

話剛落音，便將手中的胡琴敲個稀巴爛。接著又說：「我隨身帶有好文百軸，現在分送給在座的朋友，請不吝指教。」說完就把文章分發給大家。每一個參加酒宴的人，不僅為陳子昂的碎琴之舉大為驚訝，更為陳子昂的文章驚嘆不已。如此一傳十，十傳百，不出幾日，陳子昂就名滿洛陽了。此後，不出幾年，他中了進士，得到武則天的賞賜，登上了政治舞台。

生活智慧

李白與陳子昂是同鄉，生活年代前後銜接，陳子昂死的時候，李白剛生。自小李白就對這麼一位同鄉崇拜不已。尤其是那次一鳴驚人的揚名之舉，更是銘記在心，一心想要效仿。求仕先求名的風氣，在那個年代，可說已形成一種習尚，李白會這樣，也就不奇怪了。

散金博美名

李白的父親是一個富商，豐厚的家財讓李白能自由自在的求學與交遊。出川時的他，腰纏萬貫，顧盼生風。當他來到金陵、揚州這些地方，文明與繁華使他大開眼界，同樣也使得他花錢如流水。

那裡的道觀佛寺，名勝古蹟、歌台酒肆，處處留下他的蹤跡，就是賭場妓院中，也隨時可見到他的身影。所行所止，當然不是孤身一人，總是邀朋呼友，甚至成群結隊。而所有的開銷，李白一肩擔下，不曾讓別人花上一分一毫。

輕財重義的結果換回了無數的友情與聲名。沒有多久，在金陵、揚州一帶，大家都知道有這麼一個從蜀地來的青年詩人，文才出眾，頗講義氣，又出手大方。這個人就是李白了。

有一首名爲《金陵酒肆留別》的詩留下了李白當時的行蹤與豪興：

> 風吹柳花滿店香，無姬壓酒喚客嘗。
> 金陵子弟來相送，欲行不行各盡觴。
> 請君試問東流水，別意與之誰短長。

當時的李白在社交中，對那些落魄的公子、遇難的王孫，尤其是那些家境貧寒，赴京應試又名落孫山的失意青年，更是百般同情，慷慨解囊。有的人付不起房錢，受店主污辱，或被趕出店外，他二話不說替他們付清欠款。有的人，回家缺盤纏，沒等人開口，他已把錢送到別人手上。有的人，生活無著，浪跡江湖，他幾百、幾千的接濟。這樣一下來，在揚洲還沒有住滿一年，李白送出去的錢財就達三十餘萬金。

這三十餘萬金，現在雖然難以計算出它的準確數字，但其影響至少要比當年陳子昂買胡琴的百萬錢要多得多。陳子昂的百萬錢由於是一次用完，所以能產生爆炸性的立即效果；而李白的三十萬金由於是分散著使用，接濟了很多人，所以效果緩慢而持久。也許當時只能聽到受接濟者感激的話，然而不出多久，李白輕財好施的美名就傳遍了江南，甚至整個國家了。

 李白不走科舉，又想出仕一展長才，所以用「散金博美名」的方式，快速累積聲名，這個推銷自己的點子不錯，效果也很好，但是否能因此而有出仕的機會，就看個人的機遇了。

追求功成身退的理想

傲岸不羈的李白有著艱難曲折的一生，他的一生可以說是一個悲劇。然而不管他處於何種境地，他對自己所選定的理想符——功成身退，卻不曾懷疑過，一生也很努力地追求。遺憾的是，不管他怎麼地努力，這條路始終沒有走通，結果功也未成，身也未退。不過，從他對這一理想的選擇、追求和失敗，我們可以清清楚楚地看到他的膽識、心計與人格。

　　李白有著他特有的人格與思想，對事物乃至對世界的看法，並不受限於哪一個聖賢或學派的思想，也從不讓社會的習俗或道德來束縛自己。只要認為有價值的事就毫不猶豫地去做，沒意義的事就不加理睬，至於別人怎麼說也就管不了那麼多了。

　　他的這種思想作風，倒很符合西方著名哲學家羅素對浪漫主義者所作的分析。羅素認為，浪漫主義者的共同特徵，就是把自己的人格從社會習俗和道德規範中解放出來，看待事物不用通行的功利標準，而代之以審美的標準。李白的言語行事，就完全符合這個特徵。他之所以要往「功成身退」的這條路上走，就是憑著這種浪漫主義的價值觀與審美觀所作出的判斷與選擇。

　　他覺得「濟蒼生」、「安社稷」誠然是頂天立地的大事業，但是，一個人才能的大小和價值的高低，只有從他對這個事業的追求中才能體現；一個人能否名留青史，也有賴於此。大丈夫在世，不能沒沒無聞，也不能沒有四方之志。

　　不過，也不能忽略，在這功名富貴的背後，也常隱藏著禍患，從歷史中就可以

得到很好的證明。而且功名愈大，隱藏的禍患也就愈大。州縣官吏得禍，往往僅及自身；公侯將相得禍，往往殃及家族與子孫。因此李白認為久戀功名，不是全身之道。一旦殞身，功名也就隨之毀滅。如果功成身退，情況就不大一樣，你可以維持你的名聲和地位，小者聞名於當時，大者流芳百世。一切優厚的待遇也都可以延續，還可以自由自在地尋求長生之術，享受人間的一切美好東西。

　　從這裡我們可以看到，李白的這種想法，是有意地擷取儒家的入世與道家的出世，做部分的篩檢。對儒家只取其建功立業、光耀史冊的一面，而割捨其堅韌不拔、九死不悔的一面；對道家只取其愛惜生命、自由享樂的一面，而捨其只顧自己，不管別人，對社會不負責任的一面。由此看來，李白追求功成身退，是依據儒、道兩家的思想，將其合而為一，再加上自己的審美標準和價值取向。這樣的道理前人已經想過，也已做過，並不新鮮，他只是把這面旗幟舉得更高，終身奉行而已。

李白有著他特有的人格與思想，對事物乃至對世界的看法，並不受限於哪一個聖賢或學派的思想，也從不讓社會的習俗或道德來束縛自己。只要認為有價值的事就毫不猶豫地去做，沒意義的事就不加理睬，至於別人怎麼說也就管不了那麼多了，也因為這樣的人格特質，他的人生路走起來格外辛苦。

求仕走捷徑

李白既渴望參與政治，實現自己濟世利民、報效國家的理想，卻又不願意走科舉一途，那就必須另擇從政之道了。在科舉制度已經大力推行，並被視爲取士正途的當時，別的出仕渠道雖然存在，但卻非常的少而狹窄。所謂的「終南捷徑」就是一條充滿艱險，也充滿誘惑力的進身之路。

說到「終南捷徑」，讓我們來看看它的由來。據說初唐文學家盧藏用，也是陳子昂的好友，已考中進士，卻久未授官。只得暫時隱居於終南和少室二山，並且學習道教的辟穀、導引、煉丹那一套。可是心裡總是希望朝廷能徵召他，人們便給了他一個綽號，叫他「隨駕隱士」，意在諷刺他身在山林，心卻在皇帝身邊。至中宗朝他終於以高士的名目被召，官做到吏部侍郎，很是風光了一陣。後來著名道士司馬承禎，被皇帝召至長安，還山的時候，盧藏用將他送出終南山，他大概對終南山有著特殊的感情，指著終南山對司馬承禎說：「這裡面有很多美妙的地方。」司馬承禎卻慢條斯理地說：「依我看來，這裡面不過是仕官的捷徑罷了。」

很明顯地，這個老道委婉地譏諷盧藏用，暗指他藉著隱居終南終於取得了高官厚祿。從此「終南捷徑」這四個字，也就專指不通過正常的途徑，而能輕易、快捷地取得官職與名利的特殊門徑。

其實，這一進身之法，倒也無可厚非，因爲從某一個方面來說，它倒是包含了那些無背景、無靠山的下層知識份子的辛酸。遠的不說，單說唐代的科舉，有哪一個環節是沒有託人情或走後門的？王維的登第，就靠岐王的巧做安排。後來的杜牧，竟有人爭著給他疏通關節。

　　這盧藏用即使考上了進士，卻久久得不到官做，不得已才用此迂迴之術爬上了仕途，這也是憑著心計才達到目的。這種本來不願意學道，卻為了求官不得不學道的學道生活，想來也不可能是愉快的，其中的委屈與苦處就更不為外人所知了。

　　如此說來，盧藏用當年也用不著羞愧，司馬承禎也沒有資格諷刺人。就算司馬承禎，也還不是因學道聞名，才得到皇上的召見，從而身價百倍嗎？話說回來，這條途徑不僅快捷便利，而且充滿著戲劇性、刺激性，因此有它的誘惑力。不過這條捷徑也不是想走就走得通的，成功者畢竟是極少數，要不然誰還願意耗費一輩子的精力去走科舉呢？因此想走這條路的人，必須有膽識、有才氣、有信心，更要有冒險精神。而這一切正適合李白的胃口。所以，李白對於科舉從不正眼看一下，一心走他的「終南捷徑」。

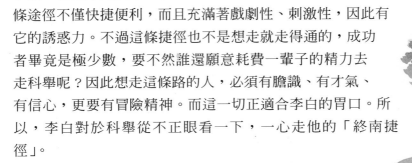

生活智慧

「終南捷徑」這四個字，指的是不通過正常的途徑，而能輕易、快捷地取得官職與名利的特殊門徑。這條途徑不僅快捷便利，而且充滿著戲劇性、刺激性，很合李白的胃口。

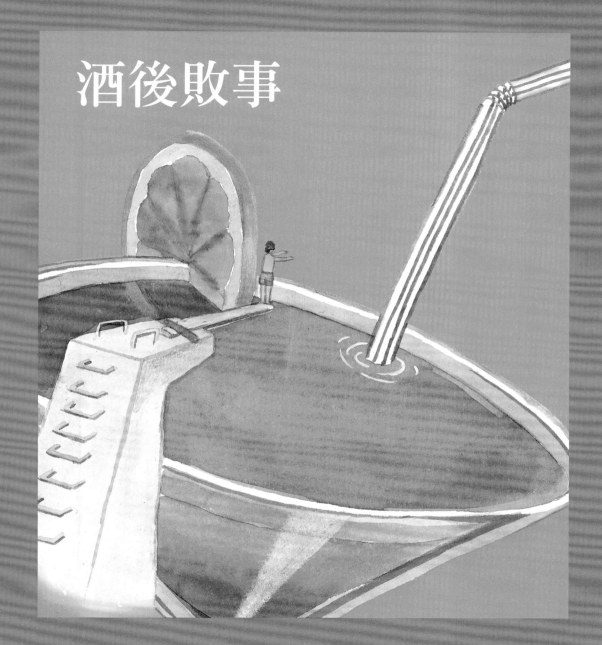

酒後敗事

李白自出夔州，南遊九嶷，東遊東海以後，便回到了雲夢古澤一帶遊歷。由友人的撮合，入贅安州（今湖北安陸）許家。許氏祖父爲前朝宰相，名望很高，李白藉此關係去拜見當地的最高地方官，也是情理中事，如果能得到好評，也可提高自己的知名度。

當時安州的最高地方官是都督，實際上就是刺史。那時的都督姓馬，名士會，李白讚他爲「朝野豪彥」，也就是才德出衆、名傾朝野的豪傑之士。李白心想如果能得到他的品題，自己的身價就不同凡響了。爲了這一次的拜謁，李白花了很大的功夫做準備，謄錄詩文且不說，還將他的摯友元丹丘邀來，一同去拜見。

一開始，馬都督當作是一般不好推託的接見，因爲那是許丞相家招來的女婿，不能不應付一下。可是當他一見到李白，瀟灑的風度，再加上不凡的詩文，讓他不免有些敬意了。馬都督改變了他想要三言兩語打發他的態度，而以接待嘉賓的禮節款待李白，還當面稱讚他爲當今的奇才。

隨後又當著衆人的面，對他的僚屬長史李京之說：「一般人寫文章，就像山中見不著煙霞，春天見不到花樹一樣。李白的文章卻是俊語佳句，清雄奔放，妙趣橫生，讓人看了愛不釋手。」

這自然讓李白高興得很，一到安州便得到權壓一州、名播四方的馬都督的賞識，有都督的賞識，在安州這塊地方，他就算得上是個有臉

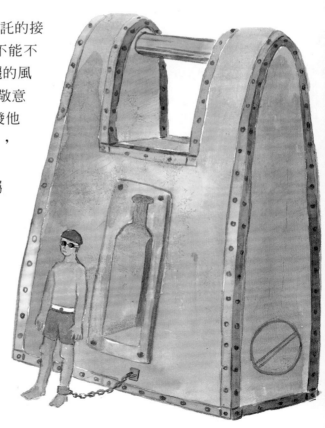

面的人物了。如果本州需要舉薦人才，這位馬都督一定會先想到他的。

可是沒有多久，李白苦心贏得的這一點資本，又讓自己給輸掉了。有一天李白酒後騎馬，忽然前面出現一彪人馬，見領頭的似乎是在官府供事的一位老朋友，便策馬上前與他打招呼，沒想到被人喝住。原來他醉眼朦朧看錯了人，那為首的竟然是本州都督府長史李京之大人。

長史在唐代的州郡裡可說是舉足輕重的人物，僅在刺史之下，如果刺史不在，可以代行刺史權力。按照當時的規矩，一般士庶民眾遇上長史的車駕應該迴避讓道，可是李白不僅不讓道，還直衝到車駕前呼三喝六，這當然是對長史的最大侮慢。

本來這位李長史就對李白很不高興，因為李白在拜謁都督之前並沒有先拜訪他，如今又如此這般衝撞了他，李長史當然不肯就此罷休，非要處罰他不可。李白為了這件事不能不向這位大人上書賠罪。這件事後來雖然不了了之，但這位長史卻在馬都督跟前說李白的壞話，使李白失去了一個能夠賞識他的人，這對李白來說是一件很令人遺憾的事。

李白想藉岳父的關係得到名人的賞識，以便謀得求仕的機會，卻因自己浪漫的性格，酒後壞了大事。

歡天喜地到長安

　　李白為了踏上仕途，以實現自己的政治抱負，多方投書，到處求人，但無一奏
效。當他心灰意冷，躲進山中，不再奢求功名時，卻意外地傳來喜訊，當今的皇上
要召見他了。他的被召，不是通過地方官的舉薦，而是因為方外友人的介紹，讓唐
玄宗發現這個曠世奇才的。至於這個方外友人是誰？有的人說是道士吳筠，有的人
說是皇帝的妹子玉真公主，有的人說是隱士元丹丘，不管是其中的哪一個，也不管
他們是否都出了力，這都說明了李白的終南捷徑終於走通了。

　　按常理來說，一個人一旦遇到了能夠施展自己才能和抱負的機會，尤其是苦苦
尋找不得的機會，總會特別珍惜，甚至不惜一切保住它，因為這是實現自我，決定
自己前途與命運的觸發點，一旦失去將追悔莫及。但是當年的李白卻沒有認真地去
思考這個問題，只是憑著單純的熱情去迎接這個機遇，像一個小孩子一樣，高唱
著：「仰天大笑出門去，我輩豈是蓬蒿人」，一路歡天喜地到長安。

來到長安之後，他壓根也不去想自己應該做些什麼，是否有什麼建議或治國的方略可以向皇上進獻，只是天真的認為皇上召他必有用他之處，何須費神去想。如果有人提醒他應該有所準備，諸如：朝廷規章制度的了解、上下級的相處藝術、自我習性的調整與約束等等，他會大罵你一通，認為這是小心眼的舉動，豈是他這個曠世奇才所需要考慮的？

他也不願意去思考皇上召見他的原因，是因為他的治國才能？詩仙聲名？煉道精妙？還是劍術有成？以便適應這眩人眼目的宮廷生涯。他只是單純地認為自己的超凡才識被皇上看中，此次進京，一定會委以重任，由布衣而卿相的理想就要實現。自己腳下所踩的道路，不僅僅是通往長安的普通道路，而是步步登天的天梯。此時的他，一身飄飄然，神仙也不過如此。

李白，你在說什麼？

生活智慧

皇上終於要召見李白了。按常理來說，一個人一旦遇到了能夠施展自己才能和抱負的機會，尤其是苦苦尋找不得的機會，總會特別珍惜，甚至不惜一切保住它，但是李白只是憑著單純的熱情去迎接這個機遇，一路歡天喜地到長安。

生花妙筆討歡心

李白來到長安，被安排在翰林院，做了翰林待詔。也就是等待皇上下詔，製作文翰辭章的文學侍從。古時每一個帝王都需要這樣的人來宣揚王化，粉飾太平。漢武帝就因為有個司馬相如而大出風頭，唐玄宗選了李白做為自己的司馬相如，對李白來說，也不算虧待他。

李白懂得作為一個文學侍從，要用美麗的辭章，歌頌國家的聲威，皇帝的盛德，以討皇上的歡心，李白也做了不少這樣的事，寫了不少這樣的詩。

比如他在《陽春歌》中讚嘆皇上的宮中歲月：

聖君三萬六千日，歲歲年年奈樂何？

在《春日行》中向玄宗獻辭：

小臣拜獻南山壽，陛下萬古垂鴻名。

在《上雲樂》中，則藉老胡文康的口唱出：

拜龍顏，獻聖壽。
北斗戾，南山摧，天子九九八十一萬歲，長傾萬歲杯。

對於當日的盛世氣象，天子的威儀，李白更是鼓吹一番：

是時君王在鎬京，五雲垂暉耀紫清。
仗出金宮隨日轉，天回玉輦繞花行。
始向蓬萊看舞鶴，還過芷若聽新鶯。
新鶯長繞上林苑，願入簫韶朵鳳笙。

唐玄宗得了這麼一個文學侍從，恐怕比漢武帝當年得了司馬相如還要高興。因為當年司馬相如寫辭賦，多少帶點諷諫的意味，李白卻沒有這樣假正經，不會掃了他的興。這也是為什麼後來有這樣的傳說，說玄宗特許他在宮中走馬，親手給他調羹等這樣寵信的事來。

玄宗到了晚年，本來就無心於朝政大事，只圖聲色享樂，時下又得了這麼一個頗解人意的文學侍從，自然每有歡宴遊賞，必攜李白參加，隨時為他賦詩寫辭，以助豪興，以添聲威，讓他的享受更為雍容高雅。而李白呢？因為剛從草野中走進金鑾殿，得以待詔翰林，侍從出遊，自然也感到極為榮寵，很願意用自己的生花妙筆討人主歡心了。

生活智慧　李白對於待詔翰林這個職務還算滿意，一來寫詩作文本來就是他的專長，毫不費力，二來，這個職務專供皇帝召用，是盡臣節最佳的職務了，所以，李白很願意用自己的生花妙筆討皇上的歡心。

俠義葬亡友

李白在《上安州裴長史書》裡記載了一個感人的故事。他有一個也來自蜀中的朋友，叫吳指南，兩人結伴遊覽楚地的名山勝水。不料在洞庭湖遊玩時，吳指南突然病情惡化死去。李白就像死了親兄弟一樣，大熱天穿上素服，伏在朋友屍體上，慟哭失聲，血淚滿面，就算猛虎到來，也不為所動。過路的人看到此番景象，也都忍不住陪著他掉淚。

　　幾天以後，他不得不將朋友的遺體草草葬在湖濱，趕到金陵，辦自己的事。但是亡友的事他一刻也沒有忘記，等事情辦完立刻回到洞庭湖邊，他扒開亡友的墳堆，看到屍骨的筋肉尚在，他一邊揩著眼淚，一邊拿著刀子，將屍骨上的筋肉削洗乾淨，用布帛包裹妥當，然後背在肩上，離開了洞庭，曉行夜宿，來到江夏郡，買地置棺，將亡友葬於鄂城之東。

　　這件李白葬亡友的故事，雖然有人認為是李白在替自己造聲名，但我們仍然可以看到李白對朋友的真情，以及他的高尚品德。

　　古人說：「人生結交在始終」、「一死一生，乃知交情。」朋友死在異鄉，為其料理喪事，也就盡了朋友之誼。可是李白仍念其遠離故鄉，魂魄無依，乃至親負遺骸，以禮遷葬，則是一般沽名釣譽之徒所做不到的，更是普通人所無法理解的。

　　且不說現代有些人，見利忘義，要好的朋友，一夜之間可以變為仇敵。就是古人又如何呢？韓愈曾在其《柳子厚墓誌銘》裡非常氣憤地指出那時的交友狀況：有一些人平日住在同一個巷子裡，經常聚在一塊兒飲酒玩樂，相互吹捧，一副謙卑的

樣子，甚至可以為了表明自己的誠信，把自己的肝呀、肺的，掏出來給人看，又指著天日，流著眼淚，發誓要生死相隨，永不悖離。一切的一切，好像都是真的。可是一旦遇到一點小利害，就算小得像毛髮一樣細，馬上就翻臉不認人，好像從來也不認識。別人掉進陷阱，不但不伸手救人，反而往下丟石頭，置人於死地。這些本來連禽獸都不忍心做的，他們卻私心竊喜，以為會用心計的緣故，保全了自己。反觀李白的這種俠義心腸，自然讓人矚目，名聲也就不脛而走了。

生活智慧　　古人說：「人生結交在始終」、「一死一生，乃知交情。」朋友死在異鄉，為其料理喪事，也就盡了朋友之誼。可是李白仍念其遠離故鄉，魂魄無依，乃至親負遺骸，以禮遷葬，則是一般沽名釣譽之徒所做不到的，更是普通人所無法理解的。

用盡招數求自薦

古代求人推薦，首先要使出渾身解數，讓所求的人對你產生好感，答應推薦；再來，希望自己所求的人，能向皇帝或朝廷呈遞推賢薦能的奏章，事情要做到這個地步才有可能產生效果。如果被求的人，礙於情面，當面不得不答應，可是又以種種理由不向上呈遞奏章，一切也是白搭。李白就遇到這種情況。

那時，李白已經五十七歲了。剛剛從潯陽監獄中釋放出來。李白得以脫獄，全靠江南宣慰使崔渙和御史中丞宋若思爲他推覆洗雪。出獄後，宋若思又聘他爲參謀、參贊文書事務，還隨宋出巡過武昌。此時的李白並沒有因爲蹲過監獄而萬念俱灰，只覺得既然已經無罪釋放，我李白當然還是以前的李白了。眼下又有幸遇上宋若思這樣愛才惜才的朝廷要員，索性再求這位宋中丞向皇上推薦自己，說不定還可擠身朝列，做一番事業，實現自己的宿願呢！

李白的這種想法自然有些天眞，而且也把天下的事看得過於簡單。宋若思自然知道，李白的下獄罪名是從逆，也就是脅從叛亂，是政治案件，與一般官吏因爲行政或經濟上的過錯而下獄的情形不同。宋若思心想，你李白現在雖然出獄了，但嫌

疑還在，我現在聘你爲幕僚就已經破格，而且還擔著幾分風險，你怎麼就這樣不知趣呢？還要我向皇上推薦你到朝中任職？這不是有點滑稽嗎？再說，你剛從獄中出來，雖然說是無罪，但整個案子還沒有了結，人們還在觀望此案的發展，又是兵荒馬亂的時節，上面那有閒情考慮舉賢進能的事呢？爲此宋中丞對李白這種不識時務的要求，也就置之不理，但又不好當面潑他冷水，只得以公務繁忙，沒時間寫推薦表爲由，拖延時日。

可是李白眞的以爲宋中丞沒有時間寫，出於求薦心切，於是建議由他代寫。宋中丞也不好拂他的意，隨口就答應了。李白很快地爲宋若思代擬了一份向皇上推薦自己的奏章，這份奏章至今尚存，名爲《爲宋中丞自薦表》。其中有幾句非常精采：

> 臣所管李白，實審無辜。
> 懷經濟之才，抗巢由之節，文可以變風俗，學可以究天人。
> 一命不沾，四海爾屈。
> 伏惟陛下大明廣運，至道無偏，收其希世之英，以爲清朝之寶。

李白認爲自己不論是文才、學問，還是品德情操，甚至治國才能，都是天下第一流的人物，但一直到老，連一個最低的官也沒有沾到，不僅是他自己難過，天下人也爲他叫屈。這樣的奏章，明眼人一看就知道，這不僅是哀求，也是抗告。李白哪裡知道善觀政治風雲、諳於世故的宋若思是不會將此表呈遞給肅宗的，他只是空想而已。果然沒有多久，李白又被投進監獄，判處流放夜郎。

古代求人推薦，首先要使出渾身解數，讓所求的人對你產生好感，答應推薦；再來，希望自己所求的人，能向皇帝或朝廷呈遞推賢薦能的奏章。如果被求的人，礙於情面，當面不得不答應，可是又以種種理由不向上呈遞奏章，一切也是白搭。李白就遇到這種情況。不過，李白的這種求薦，可以讓我們看到他的熱情、單純與天真。

長生不死的蠱惑

世界上的宗教，不論是基督教或是佛教，都強調人的靈魂可以不滅，但人壽終歸有限，肉體無論如何是會消失的。然而中國的道教卻認為，只要潛心修煉道法，人人都可以成為神仙，靈魂與肉體皆可長生不死，永留人間或天上，不受時間或空間的限制，在宇宙間享受一切的快樂與幸福。

這種可以使生命無限延長的理論吸引了很多的人。有誰不願意成仙呢？李白就迷上了神仙之說。他說：「十五遊神仙，仙遊未曾歇。」在他少年的時候，遍訪了蜀地道教的名山戴天山、青城山、峨嵋山，和道士過往甚密。

李白之所以這麼早就迷戀神仙，是因為道教不但有這種長生不死的理論，還有活的標本，讓李白和世人信服。這些標本，歷代都有，到了唐代更多。有個名為張果的道士，隱居中條山，謊稱自己生於堯時，握有長生不老之術。一般人相信也就算了，連大唐天子玄宗都相信，影響可就大了。

開元二十一年，玄宗派遣朝廷要員，帶著國書厚禮將他延入宮中，問以國政與神仙之事。更為出格的是玄宗還打算將自己的妹子玉真公主嫁給他。這位「活神仙」故意賣關子，不領玄宗的情，不娶玉真公主。玄宗只得賜官銀青光祿大夫，封為通玄先生，厚賞銀帛，並為他蓋了一座樓霞觀，當作神仙來供奉。

還有一個稱為焦煉師的女道士，也被人當作活神仙。傳說她生於齊梁，活了好幾百歲，相貌看起來只有五、六十歲的樣子。李白曾經去嵩山尋訪過她，只是沒有見著，因為這樣，他還寫了一首詩《贈嵩山焦煉師》，詩前小序對這個活神仙做了如下的介紹：

嵩山有神人焦煉師者，不知何許婦人也。

又云生於齊、梁時，其年貌可稱五、六十。

常胎息絕穀，居少室廬，遊行若飛，倏忽萬里。

世或傳其入東海，登蓬萊，竟不能測其往也。

余訪道少室，盡登三十六峰，聞風有寄，灑翰遙贈。

長生不死的說法本來就十分迷人，有「活神仙」的存在，就更能蠱惑人心了。

人人說活著真苦，可是人人都不願意死，寧願活著受苦。現在科學發達，知道「長生不死」是無稽之談，但不論古今，人心是一樣的，不管壽命的長與短，都是趨樂避苦的。「不死」而「受苦」，想必追求的人一定很少。

李白，你在說什麼？

李白入道

按照道教的教規，要成為一名真正的道士，必須嚴格履行一套繁瑣的手續，舉行莊嚴、盛大的入道儀式，比起佛教的剃度和基督教的受洗禮還要麻煩、野蠻得多。入道者首先要寫好各式各樣的道籙。籙，就是道教的祕文，名目繁多，而這些道籙都必須用朱筆抄寫在白絹上，且分別記下諸位天曹官屬佐吏的名字，並將各種符咒錯雜其間。內容詭異，一般人是無從了解的。

　　李白為了要把道籙寫得精美無比，特意跑到安陵（今河北吳橋縣），請著名道士蓋寰為他抄寫。然後，在受籙儀式中由誰為入道者授籙也影響著入道者的身價，李白為了提高自己在道士中的知名度，又請享譽全國的道教大師高天師從北海郡來為他授道籙。

　　這些還只是事前的準備，最辛苦的還在於新教徒的入教儀式。新教徒不僅要潔齋，還要在道壇上當眾向授籙者送財禮。新教徒反綁著手，排成長串，魚貫而行，同時，嘴裡不斷地念念有詞，向神靈懺悔己過，請求寬恕。這樣七天七夜，甚至十四個晝夜，除了在凌晨休息片刻、吃點素食、喝點清水以外，日夜不停歇。在每一次的授籙儀式中，總有幾個暈倒被抬了出去，只有堅持下來的人，才由授籙大師授

給道籙，成爲眞正的道士。

　　道教的這種授籙儀式，大概出於兩個目的，一是考驗教徒的意志，如果經受不起儀式的考驗，中途暈倒或退出，自然被視爲誠心不夠或毅力不足而被淘汰；一是藉著儀式將入道者弄得筋疲力盡，神情恍惚，因而產生種種視聽幻覺，自以爲眞的進入了仙境，看見了神仙，從而加深其信仰。

　　這對一般人來說也許有效，但生性放蕩，不耐拘束的李白也甘願受其擺弄，就讓人十分不解了。我們再來看看，李白在入道後，不但無怨無悔，還千恩萬謝，感謝道士蓋寰爲他寫道籙，認爲就算用滿屋的黃金也不能報答他；他也感謝給他授道籙的高天師，甚至說：「吾師四萬劫，歷世遞相傳。」也就是說，他能請到一個與天地同春，歷盡萬世的活神仙爲他授籙眞是三生有幸了。

　　李白的種種行徑，同時代的人只好解釋說，李白「好神仙，非慕其輕舉，將不可求之事求之，欲耗壯心，遣餘年也。」李白並不是眞的想做神仙，只是拿來打發時間而已。這當然是曲意辯護之詞。其實，李白果眞爲了消磨時光，絕對不會甘願受此愚弄或欺騙的，看來唯一接近事實的解釋，就是他爲了求得解脫，已經成爲一個虔誠的道教徒了。

生活智慧　當一個人經歷了失意困頓、落寞受挫的遭遇之後，往往會將心靈寄託於鬼佛神祇，以求內心的踏實與解脫。李白一心想求仙成佛，其因或許在於他抑鬱不得志的落寞人生所導致，使其願將理想寄託於宗教鬼神。人的力量，雖不是無窮無盡的偉大，然而神佛的力量，卻僅存在於無形，與其一昧相信神佛，不如花更多的時間自我充實精進，才是最實際的作法。

與仙爲友

仙人騎彩鳳，昨下閬風岑。
海水三清淺，桃源一見尋。
遺我綠玉杯，兼之紫瓊琴。
杯似傾美酒，琴以閒素心。
二物非世有，何論珠與金。
琴彈松風裡，杯勸天上月。
風月長相知，世人何倏忽。
——李白《擬古》（其十）

　　李白嚮往神仙，希望自己也能成仙，這樣就可以過著無拘無束的自由生活。神仙可以擺脫人世間一切禮教的約束，可以不受黨章人倫的鉗制，更別題塵雜俗務的羈絆，更重要的是，神仙可以長生不死，時間、地域都奈何不了他們。

　　神仙可與三十六帝為友，可以天地為居，興致來時，可以上天庭摘星攬月；可以去崑崙對酒賞花；更可以降臨人間，與帝王、高士逗趣；疲倦時，就往蓬萊方壺歇身。這是何等的自由、何等的快樂？這樣的自由和快樂，就是想一想、說一說，也是令人心馳神往、快意非凡。為了這個緣故，李白寫了很多的遊仙詩。詩中總是描寫著自己與各路神仙共遊玩、共快樂的情景。他在《遊泰山》詩中說：

登高望蓬瀛，想像金銀台。
天門一長嘯，萬里清風來。
玉女四五人，飄飄下九垓。
今笑引素手，遺我流霞杯。

　　這首詩的意思是說，有一天，他登上了泰山之巔，望著那蓬萊、瀛洲的仙山，恍惚間眼前現出像黃金、白銀打造成的官闕，萬道光芒，好不耀眼。忽然，南天門上傳來呼嘯聲，原來是一股清風從萬里之外吹來。隨著這清風，有四、五位仙女飄

然從九重天上飛下來，含著笑意，向我伸出潔白的手，又送我仙人的飲料，那叫做流霞的飲料，只要喝下一杯，幾個月都不會餓。

還有另外一首詩：

> 清曉騎白鹿，直上天門山。
> 山際逢羽人，方瞳好容顏。
> 捫夢欲就語，卻掩青雲關。
> 遺我鳥跡書，飄然落石間。
> 其字乃上古，讀之了不閑。
> 感此三嘆息，從師方未還。

　　意思是說，清早就騎著白鹿去求仙，一直上了泰山南天門。在山間遇到一個仙人，大大的眼睛，美麗的容顏，讓人好想親近。當我正想跟他說話時，他忽然消失在雲霧中。留下一本書，飄然落在岩石間。書上的字像鳥爪，看也看不懂。此時的我只能感嘆又感嘆，未能得道成仙，一切有待從師再學習。

　　李白所寫的這些遊仙詩有些不一樣。它所描述的不再是對仙人與仙境的嚮往與感嘆，而是李白自己與仙人的接觸與交遊，雖然精神上還有些距離，但形體已經側身其間了。這自然只是李白的想像或幻覺，但這種想像或幻覺不是任何人所能產生的，而是李白日思夜想、甚至對宗教癡狂的結果。他從中得到了快樂、陶醉與安慰，相應地也就失去了憂愁、恐懼與痛苦。這是一種強烈的宗教意識，也是一種舒暢自由的精神生活。李白身在其間，但絕大多數想要進入這種境界的人，卻不得其門。

生活智慧　　　求仙是李白終身追求的人生目標，他全心投入，雖然沒有成為神仙，但求仙的生活讓他與大自然接近，從而寫出那麼多的遊仙詩，也讓我們看到他那浪漫的性格和強烈的宗教意識。

李白的故鄉

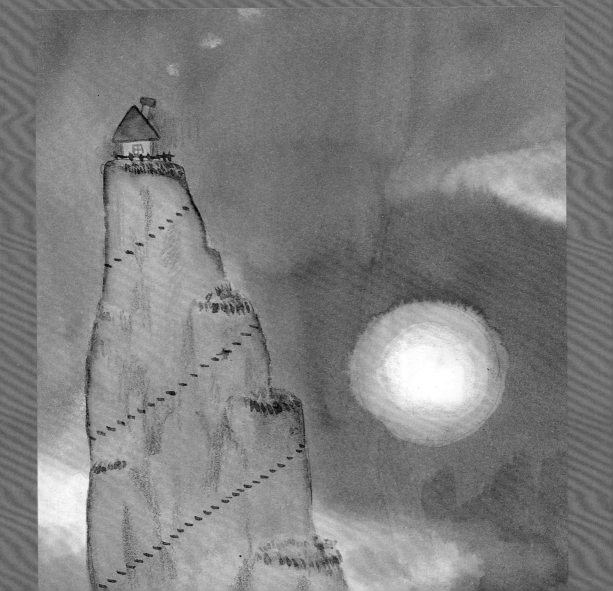

　　李白的家鄉在綿州彰明縣（今江油縣），縣內、外有著大大小小的山岳，有道士棲隱其中，是一個爲道風、仙氣所瀰漫的地方。在彰明縣西南四十里，有一座紫雲山，是一個小有名氣的道教聖地。李白對它很有感情，數十年後還寫詩懷念它：

　　　　　　　　　　家本紫雲山，道風未淪落。

　　離縣城十里，還有一座竇圖山，山形奇特，兩個山峰突立插天。傳說是眞人竇子明的修道場所，也有一種說法，說是彰明縣的一個叫竇子明的主簿隱居於此。李白常來這個地方，十五歲那年還寫了一首《題竇圖山》的詩，可惜全詩已佚，只留得殘句：「樵夫與耕者，出入畫屏中。」李白對此山印象深刻，經過多年以後，還寫詩追慕山中的修道人：

　　　　　　　　　　願隨子明去，煉火燒金丹。

　　離城三十里的戴天山，又名大匡山或大康山，也是道士們棲息的地方，曾被李白選爲讀書的地方。還有青城山，雖然離彰明稍遠，卻是道教名山，被列爲道教的第五洞天，傳說皇帝曾封它爲五岳丈人。仙人洪崖就因隱居其中，號稱「青城眞人」。歷代著名道士張道陵、范長生、孫思邈等都曾棲隱其間。李白也曾爲其仙氣氤氳所吸引，邀上東岩子隱居其中，飼養珍禽，數以千計。

蜀國多仙山，峨嵋邈難匹。
周流試登覽，絕怪安可悉？
青冥倚天開，彩錯疑畫出。
冷然紫霞賞，果得錦囊術。
雲間吟瓊簫，石上弄寶瑟。
平生有微尚，歡笑自此畢。
煙容如在顏，塵累忽相失。
儻逢騎羊子，攜手凌白日。
—— 李白《登峨嵋山》

　　在唐時的峨嵋山也被列為道教名山，李白多次登臨，並寫詩記遊，希望能夠在山中遇到仙人騎羊子，共同飛升成仙。而騎羊子，就是葛由。傳說周成王時，葛由喜好雕刻木羊，拿到市集去賣，後經仙人點化成仙。有一天，他忽然騎著他所刻的木羊到了西蜀，蜀人見了，非常好奇，便追隨其後，上了峨嵋山西南的綏山。結果跟去的人沒有一個返回，都得了道、成了仙。這些大小仙山，有著優美的山水風景，以及各自不同的神奇來歷和動人傳說，這對好學又好奇的李白來說，無疑具有不可抗拒的誘惑力。

生活
智慧

　　李白的家鄉在綿州彰明縣（今江油縣），縣內、外有著大大小小的山岳，有道士棲隱其中，是一個為道風、仙氣所瀰漫的地方，又有各種不同的動人傳說。這對好學又好奇的李白來說，無疑具有不可抗拒的誘惑力。

現實難忘難成仙

當李白像閒雲野鶴那樣到處尋仙漫遊的時候，安史之亂爆發了，而且形勢險惡。不出數月，洛陽淪陷，安祿山在此自立爲帝，百姓慘遭其害，就像李白在詩中所寫的：「中原走豺狼，烈火焚宗廟。」對此國難，李白雖然憂心如焚，卻不能親赴前線退敵，因爲已被朝廷遠棄山野，不得已雲遊四方。就如他在《猛虎行》中所述說的：

　　　　　有策不敢犯龍鱗，竄身南國避胡塵。
　　　　　寶書玉劍掛高閣，金鞍駿馬散故人。

　　往日的兵書寶劍已束之高閣，往日的駿馬金鞍已轉贈他人，然而現在只有逃亡和避難了。

可是這場災難的蔓延和危害，又無時無刻不在撕咬著他的心，即使在幻想與神仙遨遊的時候，仍然顧念著輾轉於叛軍鐵蹄下的中原百姓。他的《古風》第十九首就可以看到這種複雜的心境：

> 西上蓮花山，迢迢見明星。
> 素手把芙蓉，虛步躡太清。
> 霓裳曳廣帶，飄拂升天行。
> 邀我登雲台，高揖衛叔卿。
> 恍恍與之去，駕鴻凌紫冥。
> 俯視洛陽川，茫茫走胡兵。
> 流血塗野草，豺狼盡冠纓。

這首詩的大意是說，他登上了華山的最高峰——蓮花峰，遠遠的就見到了名叫明星的美麗仙女。她手上拿著蓮花，穿著霓虹般的衣裳，身後拖著長長的衣帶，凌空步虛，升天而行。她邀我一起登上雲台峰，去拜見神仙衛叔卿。恍惚間我也就駕著鴻雁與她一起飛向天空。可是當我向下一望，一幅悽慘的景象現在眼前：洛陽一帶的胡兵，如潮水般湧動，百姓被踐踏殘害，鮮血塗滿了野草，而那些如豺狼般的叛軍頭目，卻個個加官晉爵。見到這番景象，我還能與明星仙女無礙地遨遊天際嗎？而見到仙人衛叔卿後，我又能談笑自若，向他討教長生不死的秘訣嗎？

大概就是因為李白不能忘情現實，才使他不能得道成仙；也因為他不能忘情仙界，使他不能安下心來。不過唯其心繫天上人間，才使他有寬闊的眼界，博大的胸懷，充沛的感情，因而寫出驚天地、泣鬼神的詩篇來。

生活智慧　李白一半心思在求仕，一半心思在求仙。求仕不成，求仙難，注定了李白的一生曲折難行。不過，也因為這樣，我們才有幸欣賞到這麼美妙的詩篇。

道士朋友多

從現存的文字記載中，我們可以看到李白在年少的時候所結交的多是道士朋友。有一首詩《訪戴天山道士不遇》，詩文如下：

> 犬吠水聲中，桃花帶露濃。
> 樹深時見鹿，溪午不聞鐘。
> 野竹分青靄，飛泉掛碧峰。
> 無人知所去，愁倚兩三松。

李白曾在戴天山的芳草坪讀了好幾年的書，在那深山裡結交道士朋友是很自然的事。有一天，李白前去探訪他的一位道士朋友，沒有遇上，寫了上面這首詩。從所描寫的景象看來，有若世外桃源，字裡行間，充滿了嚮往之情。而從他造訪不遇，感到悵然若失的情懷中，我們也可以看出小小年紀的他就已經很喜歡與道士為伍了。

他的詩集中還有一首《尋雍尊師隱居》，也是少年時代在蜀中寫的。詩中的雍尊師是李白故鄉彰明縣的一個道士，不知隱居在何山，李白慕名前去尋訪，倒是被他見著了。由於趣味相投，話就多了起來，不知不覺「語來江色暮，獨自下寒煙」。

在匡山讀書期間，李白也往來其他郡縣，與州縣官吏有些接觸，而這些官吏有的也是道教信徒，讓我們來看看這首《贈江油尉》的詩：

> 嵐光深院裡，傍砌水冷冷。
> 野燕巢官舍，溪雲入古廳。
> 日斜孤吏過，簾卷亂峰青。
> 五色神仙尉，焚香讀道經。

從詩中可知，那時的蜀，道風仙氣確實很盛，不僅瀰漫了深山高丘，連官舍衙門也給籠罩了。且看這縣尉，本來是要管全縣治安的，卻將自己辦公的地方弄得野趣盎然，像個道院。自己身著五彩斑斕的道裝，焚香獨坐，讀起道經來，簡直就是不折不扣的道士。李白之所以會和這位縣尉結交，大概就是由於彼此對道學都有共同的興趣吧！

李白，你在說什麼？

生活智慧　　從現存的文字記載中，我們可以看到李白在年少的時候所結交的多是道士朋友。李白生在蜀國，蜀國多仙山、多道士，道教就是在蜀郡建立的，從小李白耳濡目染，難怪思想和生活帶點仙道色彩了。

愛神仙的元丹丘

元丹丘，愛神仙。
朝飲潁川之清流，
暮還嵩岑之紫煙。
三十六峰常周旋。
常周旋，躡星虹。
身騎飛龍耳生風，
橫河跨海與天通。
我知爾遊心無窮。
　　　──李白《元丹丘歌》

　　元丹丘是開元、天寶年間的道士，交際很廣，禪、道雙修，小有名氣。李白結交的道士很多，但受元丹丘的影響很大。李白定居安陸的時候，就已經認識元丹丘，並和他一起拜訪安陸都督馬正會。他們因而結成生死之交，直到終老。李白曾說他們兩人是「投分三十載，榮枯同所歡」，一點也不過分。

　　由於志趣相投，性情相近，李白曾隨元丹丘在潁陽、嵩山一帶，一起隱居，一起談玄論道。在李白集之中，就留下了一首《與元丹丘仙城寺談玄作》的詩。李白之所以參研佛理，也是受到這位道友影響的緣故。元丹丘生活放蕩，不拘形跡。李白與他常常以道會友，敝杯痛飲，佯狂罵世，好不痛快。從下面這首詩中，我們可以看到李白是多麼渴望這樣的聚會：

喜茲一會面，若睹瓊樹枝。
憶君我猶來，我歡方速至。
開顏酌美酒，樂極忽成醉。
我情既不淺，君意方亦深。
相知兩相得，一顧輕千金。
且向山客笑，與君論素心。

李白最有名的詩《將進酒》就是在元丹丘的潁陽山居，與人喝酒暢飲時寫出的。求仙訪道，參拜名師，自然更是這對道友的共同興趣。元丹丘曾邀李白和他們共同的友人元演，一同去隨州拜見著名的道人 —— 紫陽真人。紫陽真人姓胡，是司馬承禎的再傳弟子，也是元丹丘的老師。李白對這一次的拜見感到非常榮幸，而有下列的記載：

> 吾與霞子元丹，煙子元演，氣激道合，結神仙交。
> 殊身同心，誓老雲海，不可奪也。
> 歷行天下，周求名山。入神農之故鄉，得胡公之精術。
> 胡公身揭日月，心飛蓬萊。起餐霞之孤樓，煉吸景之精氣。
> 延我數子，高談混元。金書玉訣，盡在此矣。

隨後又在紫陽先生的牆上題詩一首，詩末云：「終願惠金液，提攜凌太清。」也就是希望紫陽先生送他最好的仙藥，讓他能飛升上天。

元丹丘不僅在求仙上為李白指引門徑，在求仕上，也儘量利用他的關係，搭橋引線，幫助李白。天寶初，元丹丘被召入京，任西京大昭成觀威儀，主持該觀事務。據說就是元丹丘通過持盈法師（玄宗的妹子玉真公主）的關係，向玄宗推薦李白，李白才得以被召入京。李白的求道、入道，李白的思想、生活習慣，元丹丘都扮演了極重要的角色。

李白的道士朋友很多，有男有女，有老有少，但對李白影響最大的，元丹丘是其中的一位。李白的求道、入道，李白的思想、生活習慣，元丹丘都扮演了極重要的角色。

借問地仙家何處

道教中所說的仙人，有所謂的天仙、地仙之分。所謂天仙，指的是在天庭的神仙，如玉皇、嫦娥、西王母等等；所謂地仙，指的是凡人得道成仙，仍居住在人間，如王子喬、葛由、衛叔卿等等。大凡傳授升天之術、不死之藥的都是這些地仙。而天仙是尋不到的，他們也不管這些升天、不死之事。李白好入名山尋仙，尋的就是這些地仙。

《續仙傳》就記載著李白尋訪許宣平的故事。傳說許宣平是新安郡歙縣人，唐睿宗時，在城陽山上蓋了一間茅草庵，棲身其中，後服藥成仙。沒有人看見他進食，卻顏面豐潤，像四十來歲的人。身輕體健，走路像快馬。常常負薪進城換酒喝，醉了便騰雲駕霧般地回山，口中且念：

> 負薪朝出賣，沽酒日西歸。
> 借問家何處？穿雲入翠微。

他平日也好濟人危急，救人疾苦。城裡的人想拜訪他，卻總是找不到他的人，只見他的茅庵牆上題詩一首：

> 隱居三十載，築室南山巔。
> 靜夜玩明月，閑朝飲碧泉。
> 樵人歌隴上，谷鳥戲巖前。
> 樂矣不知老，都忘甲子年。

有些好事者便將他的這首詩到處題寫。李白被玄宗賜金還山，從長安出來，在旅舍的牆上見到此詩，一眼便認定是仙人所寫。後來打聽，才知道是許宣平的詩。於是前往新安拜訪，可是屢訪不得。只好也題詩一首在許宣平的茅庵上：

我吟傳舍詩，求訪仙人居。

煙嶺迷高跡，雲林隔太虛。

窺庭但蕭索，倚杖空躊躇。

應化遼天鶴，歸當千歲餘。

等許宣平歸來，看到此詩，便又吟詩一首：

一池荷葉衣無盡，兩畝黃精食有餘。

又被人來尋討著，移庵不免更深居。

　　於是又逃到更深更遠的山中，結庵而居，不知其蹤，原來的草庵也被野火燒了。之後，又有一個傳說，說李白後來終於在紫陽山下訪到了許宣平。那時的李白正搭乘一個老翁所撐的一條破船過渡，隨口問老翁許宣平的家在何處，沒想到老翁指著船篙念出兩句詩：

面前一竿竹，便是許公家。

　　原來這個撐破船的老翁就是許宣平。《新安郡志》上還明明白白記載著郡南數里的地方有一特高的河岸，名叫浣紗阜，李白當年訪許宣平的時候，就是在此河的河岸上等搭許宣平的渡船。

　　這自然是傳說，並非真的有其事。但也是根據李白的「五岳尋仙不辭遠」這樣的遊仙生活中所編寫出來的。由於許宣平與李白同時代，且有著尋訪的過程和細節，倒也令人感到親切，憑添了幾分真實感。

生活智慧　　李白好入名山尋仙，他所尋的「仙」，是道教中所謂的「地仙」，這些地仙是凡間人修道而成的，能傳授升天之術，以及不死之法。李白羨慕神仙生活，一心求仙，這是其中的一個故事，真實中有著神秘。

遊俠救織錦女

　　少年時期的李白在遊成都的時候，常常到錦江邊散步。錦江邊有一種很吸引人的景觀，就是年輕的織錦姑娘，成群結隊來到江邊，把自己所織成的錦，拋到江中漂洗，藉著水流洗去錦上的雜質，讓錦面的花色變得鮮豔奪目。據說只有錦江的水最適宜漂錦，如果到別的江中漂洗，洗出來的錦就不會這麼鮮豔，錦江因此得名。

　　每當漂錦時，打扮得漂漂亮亮的織錦女站在岸邊水中，從她們手中流向江中的錦，像一條條彩虹，妝點整個江面就像一幅色彩斑斕、流動不息的圖畫。如此的人間美景實不多見，李白因而常常流連忘返，並將此景寫入詩中。

　　有一次，李白看到一群流氓惡少，駕著船，故意衝向這些漂錦姑娘，姑娘們嚇得逃回岸邊。由於水中的錦又長又重，一時拖不動，竟被絆倒在水中，這群惡少竟哈哈大笑，以此取樂。有的姑娘由於膽怯，慌亂中手中的錦竟被流水沖到深水處，不禁大哭起來。這群惡少嘻皮笑臉地說：「哭啥子！上船來陪我們玩玩，等會兒我們幫妳撈回來就是嘛！」見此情景，李白哪裡能夠忍受，站在岸邊大聲喝道：「你們這些無賴，怎敢大白天裡調戲良家婦女！」

那群惡少，見有人責罵他們，聽口音又不是成都人，不由得起了報復心，有的還興致勃勃，以爲又可以藉機行凶殺人。其中一個高聲嚷道：「關你什麼屁事？有種不要跑！」說完便掉轉船頭，對著李白衝來。

旁邊有人認得這群惡少，好心勸李白趕快跑。李白年少氣盛，自恃練得一身劍術，哪裡肯走，便手捏劍柄，等他們上岸來。那群惡少一下船，便將李白圍住，掏出身上暗藏的匕首什麼的，一步步向李白逼近。李白面無懼色，憑著手中的長劍左擋右殺，那群人的匕首短刀一點用處也沒有。不一會兒，就有人臉上掛彩，一時陣腳大亂。他們自知不是李的對手，久戰必吃大虧，不得已個個抱頭鼠竄，邊逃邊罵。

姑娘們自是感激不盡，旁觀的人也稱讚不已。只有漂走錦的姑娘仍是哭哭啼啼，好不傷心。李白便將自己身上所帶的錢全數給了她。圍觀的人，以及得到補償的織錦姑娘想要知道李白的大名，家住何方，李白笑笑，說：「區區小事，不值一提。」一個閃身，離開岸邊，回到歇腳處。

生活智慧　李白年輕時就學劍，想當俠客，所以在錦江看到有人欺負織錦女，馬上拔刀相助。李白認為這是為民除害的行為，是俠客的職責，也是他的心願。

西門秦氏女與聶政姊

西門秦氏女，秀色如瓊花。
手揮白楊刀，清晝殺仇家。
羅袖灑赤血，英聲凌紫霞。
——李白《秦女休行》

　　李白認為在現實生活中，敢於見義勇為，替人排難解紛的男人也不多，如果女人能夠做到這樣，那就實在難能可貴了，值得人們用美麗的詩篇來頌揚。

　　秦女休是漢代燕王的妻子，年紀不大，只有十四、五歲。她的父親被人所殺，雖然上有兄、下有弟，但都是膽小怕事的人，只會忍氣吞聲，那敢奢談復仇。女休已嫁為燕王婦，一身的榮華富貴，大可不管此事，但是秦女休不這麼想，她暗暗地準備復仇之事，終於有一天，她左手操著白楊刀，右手拿著長矛，隱身於大街上，伺仇人一出現，手起刀落將仇人了斷。女休逃到山上，卻被官吏逮住，押往官府。她被定了死罪。當她被押赴刑場，劊子手的屠刀也已高高舉起的時候，傳來朝廷的赦書。她在緊要的關頭保住了性命。

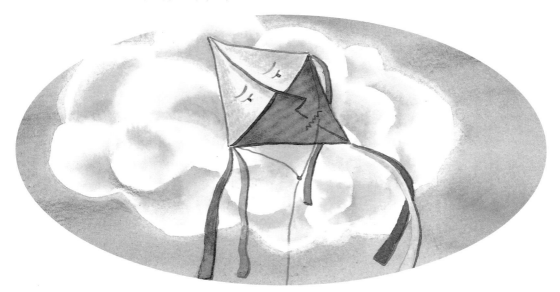

　　這是三國時代魏國的一個音樂家左延年，在他所作樂府《秦女休行》的歌詞中所描述的故事。李白鑒於秦女休，這小小年紀的弱女子，竟敢抱著必死的決心，為父報仇，殺人於市，其膽識、其剛毅，遠超過男人千百倍，如果筆下沒有她的事蹟，就算不上是一個正義的詩人，於是仍用樂府舊題，將秦女休為父報仇的故事再重新描述、頌揚了一番。在詩的末尾，李白高聲唱道：「何慚聶政姊，萬古共驚嗟！」

　　這又引出另一個俠義女子——聶政姊的故事來。聶政是戰國時代的一個俠客，為報知己之恩刺殺了韓相俠累。事成後，因為逃脫不了，又怕連累親人，自己割去臉皮，挖出眼睛，然後剖腹自殺，讓人認不出來。官府便將他的屍體暴露在大街上，只要能認出這具屍體是誰，便賞千金。聶政如此毀容，自然誰也認不出來。

　　當聶政的姐姐聽到這個消息，直覺認為可能是他的弟弟，匆匆跑去一看，果然是聶政。於是抱屍痛哭，旁人勸說，現正懸賞此人，要滅他的全家，妳主動出來認屍，豈不自投羅網？她坦然相告：「我弟弟只有我一個親人，他之所以毀容，不讓人認出，就是為了保護我。我豈能因為怕殺頭而埋沒了弟弟的英名，我來認屍就是為了讓世上所有的人都知道有這麼一個聶政。」還沒有等官府來拘捕，聶政的姐姐早已自殺在弟弟的屍體旁邊。聶政也就這樣名揚千古了。

李白認為在現實生活中，敢於見義勇為，替人排難解紛的男人也不多，如果女人能夠做到這樣，那就實在難能可貴了，值得人們用美麗的詩篇來頌揚。

遊俠夢醒

　　李白是一個執著的人，無論做什麼，都很認眞，總要做得盡善盡美，才肯罷休。他寫詩、飲酒、學仙，都是這樣，唯有劍術還不怎麼樣。如果只是一種業餘愛好也罷，但是想要棄文從武，做個劍俠，那就差得遠了。

　　李白在近四十歲的時候，決定離家，遠去山東，拜裴文爲師，專心學劍。這時的李白早已成家，有了兒女。裴文善舞劍是很有名的，唐文宗曾將裴文的舞劍、李白的詩歌和張旭的草書並稱爲「三絕」。裴自小剛強英勇，武藝高強。曾經隨幽州都督北伐，爲奚軍所包圍，他站立在馬背上，揮舞著戰刀，敵軍的箭像雨點般射來，卻都斷在他的刀刃上，哪能傷他一根毫毛，敵人大驚失色，匆匆而退。

　　後來駐守北平（唐代定州的一個縣）。該地多虎，他一天射殺老虎多達三十一隻。有當地老人告訴他，那不是眞虎，是彪，另外一個地方才有眞虎，只怕他不敢去。他立即躍馬前往，果然跳出一虎，體小，兇猛異常，大吼一聲，山石爲之震裂。裴文的馬驚嚇而逃，手中的弓箭也丟失，差一點就被虎吃了。從此以後，他再也不敢射虎，專以舞劍爲樂。

　　此時的裴將軍正在山東任城閒居，見李白來訪，自然熱情款待，彼此在詩藝、劍術上互相表演、推崇一番。可是當李白表明來意時，裴文卻連連婉言謝絕，或岔開話題，不言傳授劍術的事。

禁不起李白的再三要求，裴文便說出自己內心的苦衷，也提出自己的勸告：「一個人能夠練就一項蓋世的武藝，自然是好事，可能揚名，可能因此而得官，可能有機會施展自己的才華和抱負，但這都只是可能，不是必然。還須有其他諸如命運、境遇、人緣等等條件的配合才行。就拿我自己來說，劍術、智勇、兵法等都曾受到別人的讚揚，也立過軍功，但不為主將所喜，久不升遷，有志難伸。我也曾被皇上召見，給了不少賞賜，自然也是榮耀，但皇上欣賞的只是我的舞劍，並不量才使用，這不是與對待雜耍戲的藝人一樣嗎？那有什麼意思呢！想來想去，還是解甲歸隱，自得其樂的好。賢弟為今日不世之才，詩名滿天下，學道自具仙風道骨，僅憑此就可以上邀明主之歡，下結諸侯之好，飛黃騰達指日可待，又何必棄大道、走小路，跟我學什麼劍術呢？即使學到像我一樣，又怎麼樣呢？無非是多了一項供人觀賞逗趣的小技而已。難道真能夠憑此遊俠四方，創造驚人的事蹟不成？如果你有機緣，就憑你的詩才，早已見賞於天子，還用得著棄文習武，另找出路嗎？」

　　一席話說得李白心悅誠服，就像裴文不敢再射虎一樣，李白從此以後再也不談學劍行俠的事了。

　　每一個人在年少的時候，大都有他的夢想，也努力在往後的人生，想讓它實現。但大多數的夢想，永遠只是夢想，沒有實現的一天。李白青少年時代的夢想，因為過來人的一席話，終於醒了。

謳歌貞義女

聞有貞義女，振窮溧水灣。

　　清光了在眼，白日如披顏。

　　高墳五六墩，崒兀棲猛虎。

　　遺跡翳九泉，芳名動千古。

　　子胥昔乞食，此女傾壺漿。

　　運開展宿憤，入楚鞭平王。

　　凜冽天地間，聞名若懷霜。

　　——李白《遊溧陽北湖亭望瓦望山懷古贈同旅》

　　春秋時代，有一個不知姓名的女子，溧陽（今屬江蘇）人，為了奉養老母，年已三十尚未嫁人。常常到溧水邊漂洗絲綿，中午也不回家，就把午飯帶到江邊吃。

　　伍子胥當年從楚國逃出，來到溧陽，身無分文，又病又飢。恰好在溧水邊遇到這位女子，看見她的竹筐裡有飯，便向她討一點飯吃。那女子起先有些不願意，後來看伍子胥不是一般人，便恭恭敬敬地將帶來的飯菜、湯水全給了他。並說：「你要走很遠的路，就吃個飽吧！」

　　伍子胥吃飽飯，臨走時對這位女子說：「請妳蓋住飯筐，不要讓人看出有人在妳這裡吃過飯。後面有人追殺我！」沒想到那位女子卻說：「放心吧！不會有人知道的。我守著母親獨居三十年，不願嫁人，今天卻情願送飯給你這個陌生男子吃，已經越出了禮儀。你任重道遠，走你的路吧！我不會曝露你的行蹤的。」

　　伍子胥走不多遠，回頭一看，那女子已經投身溧水自殺了。此女為了成全伍子胥，竟獻出了自己寶貴的生命。這種捨身相救，要比大丈夫的見義勇為、拔刀相助更難能可貴。李白為此深深感動，當他於天寶十三年重遊溧陽時，即應溧陽縣令的約請，寫《溧陽瀨水貞義女碑銘》，刻石立於大路邊，供後人緬懷憑弔。銘辭中有這樣的幾句話：

伍胥東奔，乞食於此。
女分壺漿，減口而死。
聲動列國，義形壯士。

　　據說後來伍子胥復仇雪恥，攻破楚國，率師返吳途中，曾特意來到這位女子投江之處，悲傷徘徊，不忍離去。他想到如果沒有這位女子用生命來掩護他，他就不可能「張英風於古今，雪大憤於天地」。如今欲作報答，不知其家，只得投百金於江中，以為祭奠。

　　這個故事僅僅是歷史傳說，是否真有其事，很難考證。然而李白一再形之於筆端，可見他對這女人的崇敬。

 生活智慧　　傳說中的故事，真假難知，但故事中的女子能捨身為人，做人之所不敢做，其行為豈只是可貴而已。李白寫詩頌揚，除了讚嘆女性之外，也是對身為男性的他的一種激勵吧！

刀下救人

　　開元二十三年（735年）左右，李白應朋友元演的邀請，到太原一遊，這一遊足足花了他一年的光景。起因是元演的父親是一位將軍，當時擔任太原府尹，集行政和軍事大權於一身，在當地很有權勢。元演在外面遊歷了很長的一段時間，回家時，邀李白一同前往。李白對軍旅生活和塞上風光嚮往已久，有此機會，欣然奉陪。

　　大凡武將，未必都瞧得起文人，他們之所以也和文人交往，多半為了附庸風雅，抬高自己的身分而已。元演的父親大概也是這種人吧！聽說聞名天下的大詩人李白來訪，又是自己兒子的朋友，當然是熱情接待。李白就在元演的陪同下，盡情地遊賞當地的名勝古蹟，飽覽塞北的山水風光。每一次的豪華宴會，少不了他們；每一個娛樂場所，有著他們閃動的身影；每一個妓院，也都留下他們的足跡。李白從未有過這樣自由自在、無拘無束的生活。這樣的生活，讓他在十幾年後回憶起來，仍是那麼的眉飛色舞，喜不自禁。

有詩《憶舊遊寄譙郡元參軍》為證：

行來北京歲月深，感君貴義輕黃金。
瓊杯綺食青玉案，使我醉飽無歸心。
時時出向城西曲，晉詞流水如碧玉。
浮舟流水簫鼓鳴，微波龍鱗莎草綠。
興來攜妓恣經過，其若楊花似雪何？
紅妝欲醉宜斜日，百尺清潭寫清娥。
翠娥嬋娟初月輝，美人更唱舞羅衣。
清風吹歌入空去，歌曲自繞行雲飛。

　　李白和元演，盡情的遊賞，盡情的飽覽，日日如此，好不快活。忽一日，李白想到自己自幼擊劍習武，嚮往那天也有馳騁沙場的一天，如今朋友的父親是將軍，何不利用這個機會到邊地去體驗一下軍旅生活呢？於是慫恿元演向他父親要求，一起來到邊塞的軍營，生活了一段時間。

　　這時，來到了雁門關。有一天，當他們經過一個營帳前的時候，聽到士兵們吵吵嚷嚷，似乎發生了一件令士兵們忿忿不平的事。經打聽，原來有個卒長（類似現在的連排長）將要受到不公平的嚴厲處罰，很有可能被殺頭。

　　這位卒長名叫郭子儀，由於最近奉命進太行山押運糧草，延誤了時間，按軍法必須處斬。可是按情理，郭子儀不僅不該斬，反而應該表揚才是。原因是在運輸途中，天氣發生了惡劣的變化，雨雪紛紛，道路艱險，人馬損傷嚴重。如果不顧士卒的死活，鞭撻他們日夜趕路，說不定可以按期到達，可是郭子儀不忍心將士兵當作牲畜那樣驅趕；如

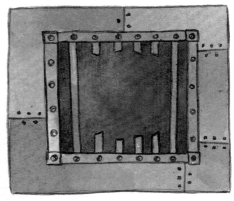

果棄糧而逃，雖可保全自己和士兵的性命，卻對國家和主帥不忠。多方權衡之下，郭子儀作了這樣的選擇：寧可個人受軍法懲治，也要保全士卒性命，不讓糧食受損失。由於郭子儀心理早有準備，回營後也不向上級申辯，只等著受軍法懲治。但卻急壞了他的士兵，因為郭子儀是為了愛護他們才誤期的。

李白聽完士兵們的申述，就覺得這個郭子儀不是等閒之輩，有頭腦、有愛心、有責任感。面對國家、士卒，自己的生命竟看得如此微不足道，這是多麼偉大的情操呀！李白自嘆弗如之餘，下定決心非救此人不可。

他跑去找元演，元演聽了也很感動，一起去見元演父親。這位獨攬軍政大權的府尹，面對自己的愛子和天才詩人的慷慨陳詞，雖然覺得有些感情用事，但也不無道理，於是感情用事的答應了他們的請求，免了郭子儀的刑責。郭子儀就這樣被李白從刀口下救了出來。

當郭子儀知道李白救了他時，李白早已離開了太原府，回到洛陽了。此後郭子儀雖然顯赫一世，卻從來沒有忘懷此事。當二十年後，李白陷於潯陽監獄，並可能處死時，郭子儀也以自己的功勞、官爵為其贖罪，李白的刀下救人真可說得上是千古美事。

生活智慧 李白覺得郭子儀不是池中之物，雖一時屈身行伍，很可能也有叱吒風雲的一日。果不其然，郭子儀不但顯赫了，而且從不忘懷李白相救之事，而有後來「回報」的美事。一個是施恩不圖報，一個是知恩必報，兩種美德相呼應，難道是命運的巧合嗎？

糊塗刺客

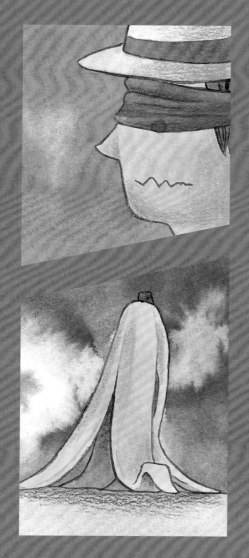

李白對那些專門替人報私仇的刺客很不以爲然，尤其是對他們爲了達到目的，而喪失理智和親情的殘忍行爲，極其憤慨。而春秋時代吳國的刺客要離的所作所爲就令李白十分反感，認爲那不是一個男子漢大丈夫所應該做的。

　　吳公子光在利用專諸刺殺吳王僚後，自立爲王，也就是吳王闔閭。可是僚之子慶忌尙在衛國，闔閭害怕他回國報仇，終日鬱鬱寡歡。伍子胥看出他的心思，將刺客要離引薦給他，說此人可爲他殺了慶忌，了了他的心頭大患。

　　要離在見了吳王後，即主動請求前往衛國，謀殺慶忌。爲了取得慶忌的信任，他假裝忤犯闔閭，負罪出逃，並叫闔閭將他的妻子、兒女燒死在大街上，以使慶忌不起疑惑。這一招果然厲害，當要離找到慶忌的時候，慶忌對他完全信任。

　　要離便向慶忌獻計說：「闔閭無道，王子你是知道的，今天又殺了我的妻子兒女，此仇非報不可。吳國內部情況我熟得很，願意爲王子引路，潛回吳國，殺掉闔閭。」慶忌也就同意了要離的復仇計畫。

三個月之後，他們帶著士卒回吳。當渡船行到中流時，要離暗中用茅刺向慶忌。慶忌雖然曾避開矛頭，但還是被他刺中。慶忌也是要得！在身受重傷的情況下，仍揪住要離的頭，按入水中，灌得要離半死，又抓起來羞辱。隨行的士卒個個要殺要離，卻被慶忌阻止了。好歹要離算得上是個勇士，慶忌說，殺了他，今天就要死兩個勇士了，放了他吧！讓他回去接受闔閭的表彰。

　　傷勢過重的慶忌不一會兒死在船上，船也到了吳國的地界，要離本來可以回去邀功請賞的，可是他突然良心不安，覺得自己的所作所爲不仁、不義、不勇，再也沒有面目活在世上，於是縱身投江，可是水淹不死他，他被救了上來。死意堅決的他，最後用劍砍斷了自己的手腳，再伏劍，終於死了。

　　像要離這樣的俠客，是一個沒有頭腦的糊塗蟲。他好像爲別人復仇而活著，終其一生，只是別人的殺人工具，只要能替別人殺人，就感到滿足與自豪，其他什麼都可以不要，甚至連妻室、兒女，都可以讓人宰殺，還自以爲豪氣蓋世。這種人眞是愚蠢呀！所以李白輕蔑地寫道：

要離殺慶忌，壯夫所素輕。
妻子亦何辜，焚之買虛聲。

生活智慧　　李白對遊俠非常崇拜，自己也希望成爲遊俠，但對於那些自以爲是遊俠，卻變成別人殺人工具的「遊俠」，卻實在不敢恭維。

騎驢犯禁

古時候，詩人喜歡騎驢，一方面可以代步，一方面又可以觀景覓詩，這比騎馬、坐轎好多了。李白也喜歡騎驢。

　　大概在供奉翰林這段期間，李白曾去華山腳下的華陰一遊。到了華陰，李白乘著酒興，跨上驢背就上街去了。走著走著，來到了一個行人不多、門樓高聳的地方，他還來不及打聽，就被人攔住，一把將他從驢背上拉了下來。不由分說，便往大門內拽。這麼一來，李白酒意全消，睜眼一看，原來是華陰縣衙門。這時，縣令正在開門議事，看到有書生大搖大擺的進來，一副目中無人的樣子，好不生氣，便叫隨從拉來審問。

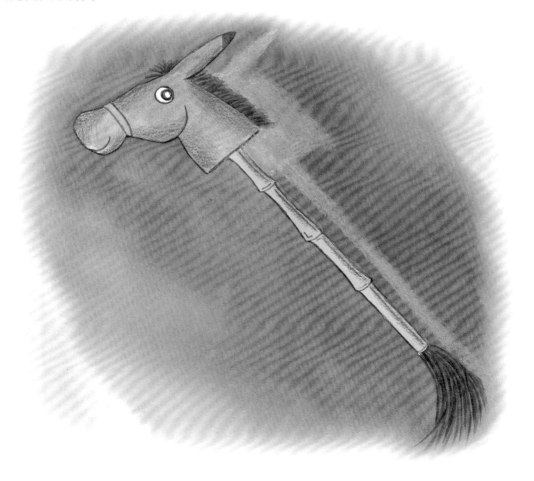

縣令大聲喝道：「你是什麼人？竟敢如此無禮？」李白這個時候當然知道自己違反了該縣的禁令，冒犯了縣令大人。如果說明自己的身分，說幾句道歉的話，想來也就沒事了，說不定縣令還會轉怒為喜，以認識他為榮呢！可是李白捉狹起來，認為自己堂堂俠士，就算犯禁，哪能認錯？可是不認錯，又怎麼可能出得了這個衙門呢？難道憑武功嗎？又怎能敵得過眾多的縣吏衙役？左思右想，覺得唯一的脫身之法就只有借重皇帝的威權了。

於是李白也不當面回答縣令的喝問，只說願意寫一份供詞。縣令見此人有些特別，也就應允，叫手下拿筆硯過來。不一會兒，供詞寫成，內容是這樣的：「我無姓無名，以酒為命，酒後嘔吐，曾用皇上的佩巾擦過嘴，曾在御榻前就餐，皇上親自給我調過羹。高力士給我脫過靴，貴妃娘娘給我捧過硯。天子殿前尚且容許我走馬，你華陰縣怎麼就不能讓我騎驢，這是怎麼一回事？」

縣令看後大驚，原來眼前的這位就是天才詩人李白，連忙賠禮不迭，並說：「先生來華陰遊覽，實為本縣增光，先生請繼續騎驢，願到哪裡，就到哪裡。如果需要什麼，儘管吩咐。」

李白無意誇耀自己供奉翰林，然而事出無奈，只好以此脫身，也算教訓了一下縣令。後人為此繪有《李白騎驢圖》，還有人寫詩讚道：

> 仙人騎驢如騎鯨，睥睨塵海思東瀛。
> 等閒相逢但叱吒，誰知萬古千秋情。

古代詩人多有騎驢觀景覓詩的習慣，李白貴為天才詩人，雖喜歡騎驢，卻騎驢闖縣衙，闖出了名堂，所以至今還流傳著這個故事。從這故事我們可以看到李白純真、可愛的一面。

麻煩公公給我脫靴

　　李白最討厭的人，恐怕非屬高力士不可了。這個人雖然是奴僕，卻是玄宗貼心的人。他可以藉君命行己意，權力大得很，出將入相的人都可能栽在他的手裡。

　　李白作爲文學侍從，又得玄宗的賞識與寵愛，待遇自然和別人有點不一樣，據說「每宴飲無不先及，每慶具無不先沾。中廄之馬代其勞，肉廚之膳給其食」。高力士見李白如此神氣，心裡不是滋味，在言談、接觸之中難免給李白一些顏色看。

　　李白對他又恨又怕，很想找機會報復一下，給自己，也給大家，出一口惡氣。但這可是老虎嘴裡拔牙的危險事，所以，方法一定要穩妥，時機一定要恰當，這樣才能達到輕侮的目的，又讓他無話可說。李白心想，高力士之所以如此膽大妄爲，當然是依仗皇上威勢的緣故，他自己哪夠看，只要巧妙地利用皇上的權威，就可以殺殺他的威風。何不趁玄宗正瞧得起我、需要我的時候，設法整他一下呢？

　　機會終於到了。就在醉草和蕃書的時候，因爲李白應了玄宗的急，爲朝廷爭得了面子，玄宗心裡高興，但又急著李白能一口氣把和蕃書寫出來，李白就利用玄宗這又喜又急的心理，說：「陛下，我喝多了酒，現在全身發熱，悶得慌，能否允許我就此寬鬆一下衣履，舒散一下心胸，以便一氣呵成？」這樣的小事，玄宗當然應允。

　　當李白鬆了衣帶，又要脫靴時，卻裝著怎麼脫也脫不下來的樣子，把腳伸到高力士身邊說：「麻煩公公給我幫個忙吧！」高力士沒有想到李白會來這一手，令他尷尬極了。給他脫吧，面子上下不來；不給他脫吧，皇上正有求於他，不脫，皇上也許會怪罪我，如何是好？高力士正猶豫著，玄宗用眼光示意，叫他幫忙，高力士無奈，只得乖乖給李白脫靴。

這一下，李白可真是樂透了，他終於有機會報復一下，給自己，也給大家，出了一口氣。至於高力士會不會報復，也就管不了那麼多了。

生活智慧　作為文學侍從的李白，除了用美麗的詞章討皇上歡心之外，還懂得利用機會請皇上的紅人 —— 高力士為他脫靴，這種事只有李白做得出來，也因為這樣，我們可以看到李白可愛，但不能成就仕途的原因。

公公的報復

李白待詔翰林第二年的暮春時刻，玄宗常住的興慶宮內的牡丹花競相開放，有深紅的、紫色的、淺紅的、通白的，艷麗異常。唐玄宗攜楊貴妃來到興慶池東邊的沉香亭憑欄觀賞。按照舊例，每逢這樣的場合，宮中梨園子弟就得鼓樂齊鳴，表演歌舞節目。這天，正當領班手捧檀板，準備唱歌的時候，玄宗卻說話了。

玄宗說：「今日觀賞名花，有妃子相陪，怎能用舊詞呢？」於是吩咐李龜年，拿著金花箋寫的詔令，宣賜李白立即寫《清平調詞》三章進獻。

宿醉未醒的李白，想到沉香亭前的玄宗，對著名花與愛妃的歡樂景象，便覺得這真是對貴妃娘娘獻殷勤的好時機，於是，神清眼亮，援筆立就《清平調詞》三章：

> 雲想衣裳花想容，春風拂檻露華濃。
> 若非群玉山頭見，會向瑤台月下逢。
>
> 一枝紅艷露凝香，雲雨巫山枉斷腸。
> 借問漢宮誰得似，可憐飛燕倚新妝。
>
> 名花傾國兩相歡，常得君王帶笑看。
> 解識春風無限恨，沉香亭北倚欄干。

李白揣想玄宗的心境，以花擬人，以人比花，人面花色一體，讓玄宗目醉神迷，除了親自吹笛伴奏之外，更將楊貴妃吹捧得上了天。貴妃當然高興，自那日賞牡丹後，日夜吟唱，陶醉在李白為她所寫的《清平調詞》中。

高力士受了為李白脫靴的侮慢，心裡很不是滋味，極思報復。當他反覆聽到娘娘吟唱「借問漢宮誰得似，可憐飛燕倚新妝」時，這個粗通文墨的奴才不知從哪裡得來的悟性，忽然想到了報復李白的方法。

他走到貴妃跟前，滿臉堆笑說：「奴才剛才聽到娘娘唱著李白的《清平調詞》，心裡有些想法，不知該不該說。」

李
白
，
你
在
說
什
麼
？

　　女人心裡容不得別人對自己有議論，何況是楊貴妃？當下要他說出來。高力士故作扭捏，說：「奴才說了，要是掃了娘娘的興，可千萬要恕奴才的罪。剛才聽娘娘唱「借問漢宮誰得似，可憐飛燕倚新妝」，表面上真好聽，內裡可不是什麼好話。娘娘您想，趙飛燕雖然長得漂亮，可是人品卻壞透了，這是誰都知道的事。李白說娘娘像趙飛燕，這意思不是說娘娘您的人品也像趙飛燕嗎？這話惡毒極了？娘娘您說是不是？」

　　楊貴妃聽高力士這麼一說，真如五雷轟頂，氣壞了，心想，這村夫李白也太歹毒了，皇上這麼器重他，他卻暗中侮蔑我，真該千刀萬剮！左思右想，難過得不得了，便匆匆跑到玄宗那裡告狀去了。這下可好，高力士就只等著看好戲。李白當然也就沒有好日子過了。

生活智慧　宮中的虛偽、妒嫉、欺詐，豈是李白所想像的那般聖潔、和諧？也豈是我行我素慣了的李白所能適應的？一個無權無勢的翰林待詔，竟然惹惱了高力士和楊貴妃這等權勢薰天的人物，宮中的日子還會好過嗎？

宮廷詩人多煩惱

李白自稱山野之人，一向疏懶慣了，稍有約束，便忍耐不住，或使性子，或發牢騷。被玄宗徵召入京以後，李白的這種習性有所收斂，因爲再狂放的人也懂得朝廷是全國的政治樞紐，是天子發號施令的地方，遵守紀律與秩序是最起碼的要求。朝中可以有奸相、貪官、酷吏，但絕不能有不遵守朝中紀律的官員，而吊詭的是，那些奸邪之人，往往是最守紀律的人。

李白當然懂得這個道理，所以剛開始的時候，他還能規規矩矩地待在翰林院，除了十天一次的休沐日外出訪友、遊覽外，其餘的時間都老老實實地待在宮中，恭候萬歲爺的差遣，或者諮詢。可是，時間一久，李白就有點憋不住了。

最難忍受的就是在翰林院裡不能喝酒。剛開始的時候，酒癮一來，還會偷偷溜出去喝，後來發覺沒有人過問，也就大著膽子在酒家喝了，甚至於醉臥酒家也不當一回事。到了後來，幾乎每一次應詔，都是從酒家將他硬拖回去的。由於酒醉應詔沒有誤事，有時反而比平常更爲稱職，常常受到誇讚，李白就更沒有顧忌了，久而久之，「長安市上酒家眠」就成了他生活的一部分。

他認為自己是酒仙，有酒才能活，也才能應詔寫詩；再者，他是文學侍從，他的工作就是為皇上寫詩作文，而醉後寫詩，是他的拿手絕活，所以喝酒是工作的需要；更何況皇上並沒有責備過他，沒有責備，當然就是允許囉！從此他再也不拘束自己。

不過，有一個事實，我們不得不承認，那就是上至玄宗，下至同僚，對於李白毫無節制的喝酒，沒有一個人干涉過，或批評過，只是一昧的寬容，甚至放縱。追究其原因，可能是一來，李白從未醉酒誤事，二來，像李白這樣但願長醉不願醒的浪漫詩人出現在宮中，可以調劑稍嫌嚴肅的宮廷生活。

喝酒雖然小事，但卻反映出李白的苦惱，以及他與朝廷的隔閡與矛盾。從他種種不得不喝酒的藉口中，我們不難看出他是不甘心作文學侍從的，他要的是，做輔弼的臣子，能參與政治和國家大事。而朝廷對他的放任態度可以看出，玄宗只把他當作宮廷詩人，一點也沒有要他參與政治的意思。天真的李白哪裡知道酒徒和政治家是互不相容的，身為宮廷詩人的他哪能不煩惱？

李白如果甘願做個宮廷詩人，長醉不願醒，自然可以被人接受；偏偏李白想做布衣卿相，參與國事，這就有損形象了。難怪他的政治前途多乖舛，也難怪他身在天子腳下心煩惱了。

代草王言展身手

唐朝與吐蕃（古代藏族）的關係時好時壞。唐朝雖先後以文成公主、金城公主遠嫁吐蕃的和親政策來求得一時的安寧，這些皇室女子也確曾扮演好她們親善的角色，但雙方常常為了一些微不足道的利益而撕破臉，甚至兵戎相見。

　　有一年，在石堡城（今青海省），吐蕃藉著他們強大的軍力打敗了唐軍，並將城佔為己有，雙方的關係變得十分緊張。吐蕃得了便宜後，卻假惺惺地派使者帶著國王的信，前來向大唐皇帝表示願意重修舊好，可是態度傲慢，而且信中不用當時通行的吐蕃文字，代之以生僻難懂的古吐番字，弄得朝廷無人可以翻譯成漢語。

　　玄宗皇帝雖然氣惱，但堂堂大國竟沒有人認得古吐番字，也不是什麼光榮的事。於是，召集大臣商議此事，設法找出一個通曉此種文字的人來，以便翻譯吐蕃國王的信。

　　就在找不出人來的時候，老臣賀知章想到了一個人，那就是李白。李白學識淵博，生於碎葉，與西域人又有往來，相信一定認得這種文字。

　　從酒家找來李白時，他還在醉中，可是一聽說要翻譯吐番文，很是高興，一口氣就將吐番國王的信譯了出來。

　　信中雖也有念舊情的部分，但更多的是炫耀武力、藐視朝廷，這使得玄宗和大臣們大為光火，多主張給吐蕃一點顏色看看。於是決定先在回信中痛斥且威嚇他們一番，然後再作軍事上的準備。

　　這回信的起草任務順理成章地落到李白的頭上。作為執筆人，李白自然有發言權。他不認同大臣們「動武」的看法，於是力排眾議，款款陳情。他從大唐帝國與周邊少數民族和睦相處的重要性，談到戰爭的危害性，以及百姓的和

平願望。認爲非到萬不得已，不要把百姓拖入戰爭。如果有些民族的首領缺乏文化素養，或口出不遜，或炫耀武力，只要不危及國家安全，不妨遷就一點，忍讓一點。這樣既可以不激化矛盾，釀成戰爭，又可以顯出泱泱大國的風度。這次吐番國王能派使者前來，就有幾分誠意，再念他與我朝的親緣關係，不妨給他一個親善的表示，用言辭、感情來疏導、感化，讓他改變態度，以收不戰而勝之效。

李白的這番慷慨陳辭，有人深明大義，自然贊同，有人眼光短淺或心懷鬼胎，當然反對。只因當時唐朝的兵力不足，邊將乏人，玄宗也想找個機會喘息一下，以便更有把握將石堡城奪回來，所以贊同李白的意見，並命李白按照剛才所述的理由，起草了一份致吐番國王的信。由於這封信的目的在和睦友好，後來就稱它爲《和蕃書》。

一觸即發的一場戰爭危機就在李白的筆下化除了，也大大緩解了當時甚爲緊張的唐蕃關係。此舉是李白供奉翰林三年最有意義的事，也使得他的才能在玄宗的面前得到充份的展現。如果玄宗就此量才使用，將他從翰林供奉拔到專司詔命、代草王言的中書舍人一樣的位置，李白的大鵬之志就可以實現了。可惜，李白的此次大顯身手，只招來了一些人的妒恨，他依然只是玄宗的宮廷詩人罷了。

生活智慧　李白在供奉翰林期間，大多數的時間打發在隨駕、讀書、飲酒、遊覽、訪友等事上，醉寫《和蕃書》，可以說是他供奉翰林三年最有意義的事了。可惜，一個人如果在事業上有所成功，往往會招來妒忌；一個人在思想上先人一步，往往會招來毀謗。世事總要看透才好。

萬般不捨離長安

唐玄宗賞識李白的才華，也想爲李白安排一個正式的官職，一來可以留住人才，二來可以裝點門面，粉飾太平。但是太多人說李白的壞話，有的人說他散漫不守朝規，有的人說他恃才傲物、頂撞大臣，高力士、楊貴妃也恨他入骨，玄宗只得叫他離開長安了。但是玄宗考慮到李白的名氣也很大，就這樣叫他離開也太不堪了，別人可能還會說他不愛才、不惜才、不容才。所以用「賜金還山」的名義讓李白較爲體面地離開長安。

　　李白原是抱著安社稷、濟蒼生的理想到長安的，如今落得如此下場，是他萬萬想不到的。

　　李白離開長安後，雖然浪跡江湖，遁隱山林，求仙、煉丹，甚至奉佛，但是他的功名思想並沒有泯滅。他吶喊著：「大道如青天，我獨不得出！」自己的人生理想還沒有實現，他怎能功未成就身先退？他懷念著長安的生活，忘不了翰林院。

他對玄宗的聽信讒言，雖然有些不滿，但對玄宗召他進京的恩寵，以及對自己的賞識，念念不忘。他還抱著幻想，對玄宗有著依戀。在詩中，他寫道：「去去復去去、辭君還憶君。」甚至當他一聽到關中的歌曲就會想到玄宗，而流下眼淚：

愁聞出塞曲，淚滿逐臣纓。
卻望長安道，空懷戀主情。

　　就連在長安走馬章台、醉花眠柳的放浪生活也回味無窮：

長安宮闕九天上，此地曾經為近臣。

昔在長安醉花柳，五侯七貴同杯酒。

　　我們可以想見，李白離開長安後的心境是多麼的複雜，悲憤中掩藏著熱情，嘆息中伴隨著幻想。他是多麼的熱愛人生呀！看他高歌：「長風破浪會有時，直掛雲帆濟滄海。」他又何曾放棄理想的追求。行路難，李白仍勇敢地往前走。

生活
智慧
　　由於受到別人的讒毀和排擠，李白就算有千萬個不願意，也不得不離開翰林院，離開長安，結束醉花眠柳的長安生活。第一次的從政，李白失敗了，至於失敗的原因，高傲與自信的李白也許不清楚，但也不重要了。

報國誤入水軍

身居廬山的李白，心繫中原，常思報國之法，不得其門。此時，永王璘的一個使者悄悄地上了廬山，敲開了他的家門。

李璘是唐玄宗的第十六個兒子，封爲永王。在長安淪陷，玄宗逃往四川的途中，被任命爲南方諸道節度使，統管長江流域。不久，太子李亨未經玄宗讓位，便私自在靈武即位，那就是肅宗。肅宗一即位，想到永王擁有這麼大的權力和地盤，怕將來會奪了他的帝位，於是下詔要永王璘離開江夏，回成都去。永王璘哪裡肯被調到蜀中，於是繼續招募將士，籌集軍餉，出師東下，以控制江南更多的土地和財源。

當永王璘的水軍還未到潯陽（今九江）的時候，聽說名滿天下的大詩人李白正在廬山避難，便決意招攬，以壯自己的聲名。李白正思報國無門，自然喜出望外，滿口應承，哪裡還想到其他。

李白來到永王璘的水軍中，還以爲是永王奉詔鎮守南方，先穩定民心，聚集資財，再揮師北上，直搗安祿山的幽燕老巢。此次應征就是一個難得的報效國家的機會，因此情緒高昂，還寫了《永王東巡歌》十一首，唱出自己的雄心與喜悅。其中第二首寫道：

> 三川北虜亂如麻，四海南奔似永嘉。
> 但用東山謝安石，爲君談笑靜胡沙。

李白在這裡自比謝安，以爲在自己的指揮下，奕棋談笑中，就能將安祿山降伏。李白是多麼地自負呀！

還有第十一首，這樣寫道：

> 試借君王玉馬鞭，指揮戎虜坐瓊筵。
> 南風一掃胡塵靜，西入長安到日邊。

一樣自比謝安，說自己只要有軍事指揮權，坐在觥籌交錯的瓊筵上就可以決勝千里之外。同時，憑永王所招募的南方軍隊，就可以掃平安祿山的叛軍，然後高奏凱歌，回到長安大唐天子的身邊。

李白又在永王璘歡迎他的酒宴上，寫詩贈給幕中同僚，詩名為《在水軍贈幕府諸侍御》，詩文如下：

> 卷身編蓬下，冥機四十年。
> 寧知草間人，腰下有龍泉。
> 浮雲在一決，誓欲清幽燕。
> 願與四座公，靜談《今匱》篇。
> 齊心載朝恩，不惜微捐軀。
> 所冀旄頭滅，功成追魯連。

李白一片雄心，只想共同掃平安史亂軍的幽燕老巢，以報答朝廷的恩德，即使捐軀，也在所不辭。可惜，也可悲的是，李白的這番熱情與豪氣，竟然是在別人的矇騙下所激發出來的。上了別人的賊船，還為賊船的頂風航行高唱讚歌。

肅宗對永王璘違抗他的命令，不回成都，已經十分惱火，再看到永王揮師東下，意欲佔據整個江南，更是驚恐不安。這不是表明了永王想藉平叛之名而行叛亂之實嗎？於是，肅宗立刻從對付安史叛亂的兵力中調出一部分來對付永王的軍隊。由於肅宗是皇帝，輿論上站了上風，一對壘，永王璘的部

眾即紛紛倒戈，再經丹陽（今江蘇鎮江）一戰，更是潰不成軍，永王璘倉皇逃命，後被捕，立即處死。李白也在逃回廬山的途中被捕，隨即以「附逆」罪投入了潯陽監獄。

李白的第二次從政，誤入了永王璘的水軍，失敗的更慘。李白報國心切，只憑熱情做事，並沒有周密思考整個的形勢，觀察力與判斷力也不夠。一心報國，卻落得身陷監獄，情何以堪！

有恩報恩

李白在潯陽監獄中，想著可以救援自己的人，卻沒有想到二十年前在太原結識的郭子儀，在他還未向他求援時，已伸出救援的手。

二十年前的郭子儀還只是軍隊中的卒長，由於犯了一點小錯，正要遭受嚴厲的處罰時，李白為他向上級求情，免除了刑責。郭子儀一直感恩在心。二十年過去了，如今的郭子儀，權傾天下，官至左僕射兼天下兵馬副元帥，正在北方領兵，與安史叛軍周旋廝殺，功勳卓著。

當郭子儀聽到李白入獄的消息時，心中不免一怔。他知道這附逆的罪名不輕，可能會處以重刑。但出身行伍的郭子儀，謹守著「知恩不報非君子」的傳統道德，認為這是一個難得的報恩機會，決心要救李白。正當他思量要用什麼樣的途徑救李白出獄時，又傳來更壞的消息，說什麼李白已定為死罪，正待秋後處決。如今已到了刻不容緩的時候，找任何人都已經來不及，郭子儀二話不說，直接衝到肅宗面前，替李白求情。

由於不知道李白一案的詳情，不好為李白辯明是非曲直，只得直接了當向肅宗表示：「李白是我的恩人，我願意用自己的全部功名與官職來贖李白的罪，以換取他的生命。」也許是肅宗看在郭子儀的功勳，以及懇切的態度上，同意了他的請求，終於免了李白的罪。

李白出獄，從旁得知郭子儀暗中出面幫忙，感慨不已。二十年前，李白無意中救了郭子儀，二十年後，郭子儀回報，這一切，難道只是巧合嗎？

161 — 有恩報恩

郭子儀顯赫了，卻從不忘懷當日李白相救之恩，有恩報恩，難能可貴。這讓人想到，與武夫交朋友，倒是「貴賤結交心不移」，年愈久，情愈深。

162 一 李白，你在說什麼？

詩人多薄命

李白出獄兩個月後，又以原罪再一次被抓回潯陽監獄。在獄中過了幾個月，被判流放夜郎。夜郎在今貴州正安縣西北，地處偏遠，離長安足有二千多里，這在當時的流放，算是最重的一種，李白必須在那裡服役三年。

李白赴夜郎，走的水路，經三峽，到貴州。由於交通不便，心情沉重，走得非常慢。整整走了一年才到白帝城（今四川奉節）。從他的詩《上三峽》中，可以看出他走的有多辛苦：

> 巫峽夾青天，巴水流若茲。
> 巴水忽可盡，青天無到時。
> 三朝上黃牛，三暮行太遲。
> 三朝又三暮，不覺鬢成絲。

不過，「流放」不同於「充軍」、「刺配」等其他流刑，人身自由並沒有受到太多的限制。流放途中和服役期間，仍可探親訪友，送往迎來。所以，李白在漫長的流放途中，舊友新知，一路宴請，酒沒有少飲，詩沒有少寫，倒也不十分寂寞。

　　當他到達江夏時，原宰相張鎬還千里迢迢派使車專程為他送來兩件羅衣。老朋友張謂，當時的尚書郎，正好出差，來到夏口（今漢口），就在漢陽南湖設宴招待李白，還請李白為此湖命名，以傳不朽。李白為答謝尚書郎的盛意，當即命為「郎官湖」：「郎官愛此水，因號郎官湖。」還有一位姓王的漢陽縣令，也經常邀請李白參加各式宴會，這種種讓李白得到不少的安慰，也減輕了一些痛苦，但作為一個被放逐的人，再大的安慰與關心，也不能消除心底的憂傷和悲哀，李白因而常常呼號：「遠別淚空盡，長愁心已摧。」而在李白的名詩《與史郎中欽聽黃鶴樓上吹笛》中，這樣的思緒表現得更為含蓄深沉：

> 一為遷客去長沙，西望長安不見家。
> 黃鶴樓中吹玉笛，江城五月落梅花。

　　李白艱難地過了三峽，到達夔州奉節縣時，意外傳來了喜訊。肅宗因為關中大旱，下詔大赦，李白也在大赦中。聽到大赦消息的李白，歡欣異常，也不想回到闊別三十餘年的家鄉，當即買舟東下，回到江陵。在途中寫下了《早發白帝城》一詩：

> 朝辭白帝彩雲間，千里江陵一日還。
> 兩岸猿聲啼不住，輕舟已過萬重山。

這首詩寫得真好，同樣的山，同樣的水，同樣的白帝城，一來一回，整個變了。李白像脫出樊籠的鳥，飛向天空，見到高山急流，聽到高猿長嘯，不覺間，千山萬嶺從身過，他是多麼地輕鬆自在，多麼的歡心愉悅呀！再也不是「我去黃牛峽，遙愁白帝猿」那個愁苦滿面的李白了。

遇赦歸來的李白，心不灰，意不冷，仍想著報效國家，並向即將離任赴朝任職的江夏太守韋良宰坦誠相求：「君登鳳池去，勿棄賈生才。」又在《臨江王節士歌》中表達報國心跡：

> 白日當天心，照之可以事明主。
> 壯士憤，雄風生，
> 安得倚天劍，跨海斬長鯨。

一個年屆六旬的老人，仍然英姿勃勃，不減當年，不禁令人肅然起敬。直到李白逝世前一年，六十二歲的他還毫不猶豫地趕往徐州，投奔李光弼，想為國家做點事情。無奈，人老馬弱，走到半途就病倒了，只得返回金陵。

李白愈到暮年，愈把握時日，想要建功立名，但始終未能如願，只得含恨而終。有意思的是，當李白死後好幾個月，墓上已長出青草的時候，卻從長安傳來代宗徵召他為左拾遺的詔書。這對心懷報國的李白來說，無疑是一種嘲笑，對野無遺賢的大唐來說，又何嘗不是一種諷刺。

此中滋味，我們可以想像，早在一千多年前的白居易也能深解，從他為了紀念李白所寫的詩《李白墓》中，可以品嚐到這種不是味道的味道：

採石江邊李白墳，繞田無限草連雲。
可憐荒壟窮泉骨，曾有驚天動地文。
但是詩人多薄命，就中淪落不過君。

生活智慧

李白自認是難得的政治家，但終其一生連正式的官員也未擔任過。僅有的二次從政經驗，一次落得「賜金還山」，多少還留了點情面，另一次卻被投入監獄，差一點丟了性命。李白並不因此灰心，仍熱切地想參與政治，一展才華，直到死。

先成家後立業

168 — 李白，你在說什麼？

自出川以來，李白爲了求前程，處處找門路，求人推薦，儘管花了不少銀兩，但一無所獲。左思右想，加上別人的指點，悟出自己失敗的原因是沒有靠山的緣故。正在一籌莫展的時候，一個時任江都縣丞，人稱孟少府的朋友，找上門來，要給他介紹一門婚事。

女方出身名門，家住安州（今湖北安陸市）。祖父許圉師是高宗時的宰相，父親在中宗時任過員外郎，人稱許員外。這位許員外膝下無子，只生得一女，視爲掌上明珠，只因爲選婿條件苛刻，又要對方入贅，所以女兒年已二十六幾，尚待字閨中。

這位孟少府與許家是世交，自然要爲許家招婿出力，可惜一直沒有合適人選。自從認識了李白，覺得這人選眞的是踏破鐵鞋無覓處，就在自己面前。無論是人品，才學，都沒有可以挑剔的地方，尤其是李白遠離雙親，隻身出蜀，家庭觀念淡薄，正是許家夢寐以求的，於是極力勸說李白前往安州應徵這門婚事。

李白私下琢磨，照道理來說，功名未成，此時成家，實在不是一個有抱負的大丈夫所應爲，然而現實無情，如果沒有依憑，即使才華出眾，功名也與你無緣；如果有所依憑，即使才能不足，功名也會落到你的頭上。這依憑就是社會背景，就是人際關係。而這一切，李白的父母沒有辦法提供給他，這是先天不足；李白自己又不願走科舉之途，師生、同學之間又不常往來，這可謂後天失調。如果與相門之女結合，也許可以憑藉此層關係改變現況，躋身仕途也說不一定。經過一番考慮後，李白便答應了這門親事。

從這裡可以看出，李白的這一次婚姻，主要是爲了自己的出路和前程。不過，這許氏夫人，倒也溫順賢淑，陪李白讀了幾年書，又給李白生了一對可愛的兒女，大的女兒，叫平陽；小的男孩，叫伯禽。李白沒有花什麼力氣，就有了一個溫暖的窩。

許氏的父親許員外也爲了自己的女婿找了不少進身的門路，諸如安州的裴長史，荊州刺史並山南東道採訪史韓朝宗等，想爲李白撈個一官半職什麼的。但也許李白年輕自負，恃才傲物，甚至有些浮躁，使得這些地方官員對這位外來的上門女婿並不怎麼重視，甚至有時候還免不了給李白小鞋穿。

在李白的《上安州李長史書》與《上安州裴長史書》中，曾分別說到當地的官員是如何地對他另眼相看，甚至不惜製造謠言毀謗他。從信中的語氣看來，事情還鬧得不小。

李白想在安州這塊地方發跡，經過這許多波折，看來也是不可能的了，只得遠走高飛，另找出路，而許氏夫人，身體一向不太好，李白又長年漂遊在外，沒幾年也就辭世了。李白原想成家後立業，藉著岳家的關係求得仕途，如今，仕途的夢落空了，婚姻也結束了。

 李白不受世俗之見，原想做個上門女婿，藉以踏上仕途，實現自己的政治抱負，沒想到事與願違，求仕之途並不順利，他只得遠走高飛，來到長安，而許氏因身體的緣故，也早逝了。成家立業？立業成家？對李白來說，想來都不是容易的事。

愚婦的嘴臉

　　李白在許氏死後，遊江東時，遇到一個會稽婦人──劉氏，並與之結合。這婦人最初可能看上李白飄逸的風度與曠世的才華，但結婚後，李白終年在外奔波，不以家室爲念，她心生不耐，更難叫人忍受的是，李白不能提供她豐厚的物質享受。婚後沒有多久，她便怨言不斷，繼而反唇相譏，乃至破口大罵。這有點像漢代朱買臣的妻子嫌棄貧窮時的朱買臣一樣，恰好朱買臣和他的妻子都是會稽人，李白就叫這劉氏爲「會稽愚婦」。

　　看來這會稽婦人還不如朱買臣的妻子。朱買臣的妻子雖然嫌丈夫家貧，以及那副一邊挑柴一邊唸書的酸腐模樣，但畢竟跟丈夫生活了數十年，丈夫賣柴，還曾相隨，直到朱買臣四十多歲才離開另嫁。可是，這個會稽愚婦一不如意就翻臉，且巧舌如簧，不時地向李白熟識的人搬弄是非，說李白的壞話。李白無奈，寫詩《雪讒詩贈友人》揭露這會稽愚婦的嘴臉：

> 彼婦人之猖狂，不如鵲之彊彊。
> 彼婦人之淫昏，不如鶉之奔奔。
> 坦蕩君子，無悅簧言。

　　前人解詩，以爲是罵楊貴妃，但是李白當年膽子再大，也不敢如此肆無忌憚，而且此詩言詞如此激烈，態度如此鮮明，應該是罵這位會稽愚婦才對。

　　李白一生不服低，連王侯將相都常常不放在眼裡，哪能受這等女子的羞辱，這樁婚事，可想而知，很快就以離異告終。

　　剛擺脫了愚婦的胡攪蠻纏，幸運跟著就來，那就是他終於要奉詔進京了。喜悅的他，沒有忘了愚婦給他的難堪，在《南陵別兒童入京》一詩中回敬道：

> 會稽愚婦輕買臣，余亦辭家西入秦。
> 仰天大笑出門去，我輩豈是蓬蒿人。

憋了好久的氣，終於有機會像當年的朱買臣一樣，離家去長安，不再受愚婦的輕賤。李白仰天大笑，寫詩抒發心中的鬱悶，也就顧不得和女人鬥嘴有沒有男子氣概了。

生活
智慧

李白行事不受社會習俗和道德規範的約束，他處理自己的婚姻也是同樣的態度。他是一位喜歡自由的人，嚴格說起來，「家」對他來說又何嘗不是「枷」，他才會在許氏去世以後，像掙脫了什麼羈絆似的，輕鬆愉快地結交別的女子，但也因一時的興趣和衝動和會稽女子結了婚，因而陷入另一個牢籠。

不知名的夫人

根據魏顥的說法，李白與會稽婦離異後，又與魯地一女子結婚，且生了一個兒子叫頗黎，這就是李白的第三次婚姻。由於這次婚姻的時間更短，使得這第三任夫人連姓名也沒有留下，只知道她是魯地人，她的兒子頗黎也不知下落，實在令人遺憾。

　　那時，李白剛從長安出來，到了東魯，一肚子的牢騷和怨氣無處發洩，只有飲酒狂歌，醉臥酒樓。這個女子，不知是酒家老闆娘，還是老闆的女兒，對李白百般體貼，溫柔撫慰，兩人的婚事也就在這種情境下順理成章地湊成了。

　　當時間撫平了李白的創傷，當酒不再操弄他的神經，驀然間，這樁婚姻顯得如此不合。會稽女人的教訓尚未淡忘，李白真的不想重蹈覆轍。想到此，李白不知該怎樣才好，只有一走了之。這個東魯女人倒是非常本分，有著北方男子的豪爽與大度，不像會稽女人那麼勢利、刁鑽。她自知自己不過是個勞動階層的婦女，哪能高攀這些自命不凡的文人墨客，於是傳話給李白：你走你的路，我開我的酒店。你的一雙兒女，願留則留，我不會讓他們餓著，不願意留就帶走；你婚我嫁，各不相干，誰也不欠誰；兒子頗黎我會撫育成人，你可以不認這個兒子，兒子將來也不見得認你這個老子。李白還能說什麼呢？從此這個東魯女人從李白的生命中消失了。

　　輕率？不負責任？浪漫？我們不知道該怎樣來看待李白的這次婚姻。雙方有需要就結合，不再需要就分離，這算得上是婚姻的實質內涵嗎？我們不敢說。但是，李白的這次婚姻真的很幸運，因為他遇到了一位善良的女子，使他落得一身乾淨，就像根本沒有發生過這件事情一樣。

愛神仙的如夫人

當李白從酒店女老闆的懷中掙脫，來到汴梁的時候，有人介紹他跟前朝宰相宗楚客的孫女認識。這位宗氏的祖父雖然在武后當朝時曾三次拜相，但最後還是因為捲入了皇家內部權力的鬥爭，而招來殺身之禍。鑒於這次重大的家庭變故，她似乎對於政治，以及一些官場上的明爭暗鬥看得十分透澈，所以在擇婿這件事上，對一般的官宦子弟不感興趣，只冀盼有才有識、別有懷抱的奇才高士，但這樣的人到哪裡去找呢？她只有在等待中蹉跎歲月。可是堅守寧缺勿濫的她並不想降格以求，直到天上掉下來一個李白，他們一見面，彼此情投意合，很快就結婚了。

　　由於夫人既可以評詩論文，又可以談仙論道，彼此心心相印，著實過了一段恩愛的生活。李白就曾在詩中寫道：

> 多君相門女，學道愛神仙。

> 拙妻好乘鸞，嬌女愛飛鶴。
> 提攜訪神仙，從此煉金藥。

　　可是，李白是一個嗜酒如命的人，並不因為愛情的甜蜜就放棄了醉鄉的溫柔，仍然時時在醉中，他所寫的《贈內》一詩，雖然是夫妻間的調侃之詞，但可以揣想他是如何因為酒而冷落了妻子：

> 三百六十日，日日醉如泥。
> 雖為李白婦，何異太常妻。

　　這詩中引用了一個歷史故事，意味深長。後漢的周澤，官任太常卿，掌管宗廟祭祀，天天要齋戒，以保潔淨。就連生病也不回家，他的妻子跑來齋宮探望病情，他卻大發雷霆，以干犯齋禁的罪名，將妻子投進監獄。人人說他古怪偏激，並編了幾句話諷刺他：「生世不諧，作太常妻。一歲三百六十日，三百五十久日齋。一日

不齋醉如泥。」

　　李白雖不至於像周澤一樣，但常年喝酒冷落妻子也是事實。再說，李白喜歡遠遊，一去就是數月，甚至數年不回家，儘管李白能體會夫人獨守空閨的寂寞心情，但就是不願意回家，寧願夫人將他看作天上月，他就是「不肯一回照」，這樣的婚姻讓宗氏夫人終於體悟到，李白是一個奇男子，是一個偉大的詩人，但絕不是一個好丈夫。

生活智慧　　李白有兩次婚姻都是與相門之女結合，且都是宰相的孫女。前次婚姻可以說是為了自己的進身之路選擇的，這一次的婚姻則是出於兩情相悅、志趣相投，可惜李白愛酒、愛遠遊，這些都遠遠超過愛妻子，也難怪宗氏夫人不得不淡化自己的感情。

情盡緣了各東西

在李白身陷潯陽監獄時，他的夫人宗氏利用相門的種種關係，串親託友，奔走權門，又頻頻探監，多方安慰，一心想搭救李白。李白對此感激萬分，曾在獄中寫詩寄給妻子：

> 聞難知慟哭，行啼入府中。
> 多君同蔡琰，流淚請曹公。
> 知登吳章嶺，昔與死無分。
> 崎嶇行石道，外折入青雲。
> 相見若悲嘆，哀聲那可聞。

李白在詩中感念妻子的深情，想著哭哭啼啼的妻子奔走於官府與豪門間，想著柔弱的妻子為了營救他，翻山越嶺，差一點丟失了生命，想到夫妻二人在獄中淚眼相見，真是字字血、聲聲淚。

在長流夜郎途中，李白又寫詩《南流夜郎寄內》懷想他深明大義的妻子：

> 夜郎天外怨離居，明月樓中音信疏。
> 北雁春歸看欲盡，南來不得豫章書。

當時的宗氏寓居豫章，從詩中可以看到李白是多麼地盼望收到妻子的書信。患難見真情，患難似乎彌補了李白夫妻間以往所產生的裂痕。但是李白在遇赦後，就忘了以前所說的「何年是歸日，兩淚下孤舟」這些思歸的話，又恢復了往日的流浪生活。李白的婚姻觀，李白對宗氏可有可無的態度，宗氏其實早已了然，經過這次災難的考驗，宗氏更覺得這椿婚姻沒有繼續存在的價值。於是趁著丈夫恢復自由之身的好時機，提出分手的要求，她想遁隱廬山屏風疊學道，徹底了卻塵緣。

李白對此坦然置之，不僅同意宗氏的要求，而且還寫詩相送。詩題爲《送內尋廬山女道士李騰空二首》。

其一云：

君尋騰空子，應到碧山家。
山春雲母碓，風掃石楠花。
若戀幽居好，相遊棄紫霞。

其二云：

多君相門女，學道愛神仙。
素手掬青靄，羅衣曳紫煙。
一往屏風疊，乘鸞著玉鞭。

此時，詩中已見不到夫妻間的柔情蜜意，更見不到離別的眼淚，有的只是讚揚與羨慕，這就和一般的道友分別沒有什麼不同了。爲了自己自由的李白曾經給妻子帶來過很多的不自由，這一次還妻子一個最大的自由，多少可以算作對妻子的一點回報吧！

生活智慧

李白只有在需要的時候才想到家，想到妻子，一旦遇赦，獲得自由，就把宗氏拋在腦後了，這讓感情豐富的宗氏夫人情何以堪，與其過著「愴離各自居」的日子，還不如遁隱深山學道去。一對夫妻變成了道友，真的是情盡緣了各東西。

莫怪篇篇吟婦人

李白，你在說什麼？

日色欲盡花含煙，月明如素愁不眠。
趙瑟初停鳳凰柱，蜀琴欲奏鴛鴦弦。
此曲有意無人傳，願隨春風寄燕然。
憶君迢迢隔青天。
昔時橫波目，今作流淚泉。
不信妾斷腸，歸來看取明鏡前。
——李白《長相思》

妾髮初覆額，折花門前劇。
郎騎竹馬來，繞床弄青梅。
同居長干里，兩小無嫌猜。
十四為君婦，羞顏未嘗開，
低頭向暗壁，千喚不一回。
十五始展眉，願同塵與灰。
常存抱柱信，豈上望夫台。
——李白《長干行》

王安石曾經批評李白的詩，十之八九離不開女人，而宋人陳藻寫詩《讀李翰林集》提出他對此的看法。詩文如下：

> 杜陵尊酒罕相逢，舉世誰堪入此公。
> 莫怪篇篇吟婦人，別無人物與形容。

陳藻認為值得李白提筆寫入詩中的人物實在太少了，只得寄情於美麗如花、命薄如紙的女人身上。這當然有些偏頗，實情應是李白寫女人的詩，是為了要表達他在愛情、婚姻上的自主與自由意識。

從李白對待家庭、婚姻與婚外情的態度來看，他將婚姻和戀愛是分開的。家中妻子的主要職責就是生兒育女，持家守家。李白長年在外遊蕩，既不是牽於宦途，也不是迫於生計，一走就是三年五載，他這麼做不是很明顯地將妻子看作守家的人嗎？請看他的《寄遠十二首》之三：

> 瑤台有黃鶴，為報青樓人。
> 朱顏凋落盡，白髮一何新。
> 自知未應還，離居經三春。
> 桃李今若為？當窗發光彩。
> 莫使香風飄，留與紅芳待。

這是李白出遊在外，寄給許氏夫人的。年輕時代的李白，就是這樣，一去三年毫無歸意，只要求妻子照顧好窗前的桃李，等他有朝一日倦遊回來時欣賞，家庭、妻子，對李白來說也就不過如此了。

至於夫妻間的情愛，有，當然好，沒有，也不那麼重要。因為色相之美，男女之欲，並非只有在妻子身上才能取得，天下的女人那麼多，而愛情的滋味，普天下都一樣，又為什麼要受限於妻子呢？這就是為什麼李白的妻子儘管腸斷心絕，年年

寄書，催他回家，他不回家就是不回家的緣故了。

　　李白的家庭觀念如此淡薄，事事從男人的本位出發，毫不顧惜妻子的身心，結果害了妻子，害了家庭，也害了自己。

 生活智慧　　　李白，身為一個浪漫主義詩人，有著比常人更為豐富而熱烈的感情，這樣的感情，來得奔放，去得迅疾，家庭，對他來說，自然地變成了一個僅供歇腳的地方了。在這種情形下，作為李白的妻子注定是悲劇收場。

106-□□
台北市新生南路3段88號5樓之6

揚智文化事業股份有限公司　　　收

□□□-□□
地址：　　　市縣　　鄉鎮市區　　路街　段　巷　弄　號　樓
姓名：

Leaves
Publishing

書號 L1007　　　　書名 李白，你在說什麼？

葉子出版股份有限公司
讀・者・回・函

感謝您購買本公司出版的書籍。
為了更接近讀者的想法，出版您想閱讀的書籍，在此需要勞駕您詳細為我們填寫回函，您的一份心力，將使我們更加努力！！

1. 姓名：＿＿＿＿＿＿＿＿

2. E-mail：＿＿＿＿＿＿＿＿

3. 性別：□ 男 □ 女

4. 生日：西元＿＿＿＿年＿＿＿＿月＿＿＿＿日

5. 教育程度：□ 高中及以下 □ 專科及大學 □ 研究所及以上

6. 職業別：□ 學生 □ 服務業 □ 軍警公教 □ 資訊及傳播業 □ 金融業
　　　　　　□ 製造業 □ 家庭主婦 □ 其他＿＿＿＿

7. 購書方式：□ 書店 □ 量販店 □ 網路 □ 郵購 □書展 □ 其他＿＿＿＿

8. 購買原因：□ 對書籍感興趣 □ 生活或工作需要 □ 其他＿＿＿＿

9. 如何得知此出版訊息：□ 媒體＿＿＿＿ □ 書訊 □ 逛書店 □ 其他＿＿＿＿

10. 書籍編排：□ 專業水準 □ 賞心悅目 □ 設計普通 □ 有待加強

11. 書籍封面：□ 非常出色 □ 平凡普通 □ 毫不起眼

12. 您的意見：＿＿

13. 您希望本公司出版何種書籍：＿＿＿＿＿＿＿＿＿＿＿＿＿＿＿＿＿＿＿

☆填寫完畢後，可直接寄回（免貼郵票）。
　我們將不定期寄發新書資訊，並優先通知您
　其他優惠活動，再次感謝您！！

Leaves
Publishing

根
以讀者為其根本

莖
用生活來做支撐

葉
引發思考或功用

果
獲取效益或趣味